Hallo Kinder!

Wir sind Marie, Max und Lupi. Kommt mit uns auf Entdeckungsreise durch Museen in Niedersachsen und Bremen. In diesem Band erwarten euch viele Abenteuer in der Region Lüneburg und Bremen.

Wenn eure Eltern mehr wissen oder andere spannende Museen in Niedersachsen und Bremen für euch aussuchen möchten, können sie im Internet unter **www.kindermuseumsfuehrer.de** nachschauen. Und für euch gibt es dort ein lustiges Merk-Spiel mit Bildern aus den Museen und Zeichnungen von uns.

Viel Spaß wünschen euch

Marie, Max und Lupi

Hinten im Buch findet ihr einen Infoteil mit

- Tipps zu weiteren Museen (Seite 127 – 139)
- Landkarten (Seite 140/41)
- Daten zu Öffnungszeiten, Eintrittspreisen, Service usw. (Seite 143 – 157)
- Museums-, Sach- und Ortsregister (Seite 159 – 166)
- allen Beteiligten (Seite 167 – 172)
- Impressum (Seite 173)

Liebe Kinder, einen Tipp habe ich noch für euch. Im Buch findet ihr viele Spiele und Quizfragen. Wenn ihr die Auflösung einmal nicht wissen solltet, hilft euch ein kleiner Spiegel.

Natureum Niederelbe
Natur- und Freilichtmuseum in Balje

Hast du einen Zauberstab? Nein? Ganz zum Schluss wird Max mit dir einen basteln. Vorher erzählt dir Marie aber noch, wozu er gebraucht wird. Solche Zauberstäbe wurden von Schamanen verwendet. Ein Schamane war bei Steinzeitmenschen der wichtigste Mann. Er beschützte die Mitglieder seines Stammes vor wilden Tieren und konnte sogar Menschen heilen.

Jeder Schamane hatte seinen eigenen Zauberstab. An den Zeichen auf dem Zauberstab konnte man ablesen, wie alt der Schamane war. Für jedes Lebensjahr ritzte er eine kleine Kerbe ein. Oder man konnte sehen, wie viele Kämpfe er mit wilden Tieren überstanden hatte.

Der Zauberstab eines Schamanen war bunt geschmückt: mit Federn, Beeren, Muscheln und bunten Bändern. Was möchtest du in deinen Zauberstab einritzen? Auch dein Alter? Oder ein Muster? Und wie möchtest du ihn schmücken?

Steinzeitmenschen haben Beeren gepflückt, Nüsse und Wurzeln gesammelt und Tiere gejagt.

Kleine Tiere jagten sie mit Pfeil und Bogen, die sie aus Holz herstellten. Außerdem brauchten sie noch eine Sehne, um den Pfeil abzuschießen. So etwas kannst auch du selber basteln.

Das geht ziemlich schnell! Für den Bogen brauchst du einen Stock. Er muss ungefähr einen Meter lang sein. Als Sehne nimmst du eine Nylonschnur oder eine anderes Band, das nicht reißen kann. Das Band bindest du oben und unten am Stock fest. Es muss fest gespannt sein.

Als Pfeil nimmst du einen kleineren Stock. Pass auf, dass er gerade ist, sonst fliegt er nicht richtig.

Aber nicht auf Tiere oder gar Menschen schießen! Nimm als Ziel einen Pappkarton, auf den du ein Tier aufmalst.

Große Tiere wurden mit Speeren gejagt. Und wenn die Männer mit der Beute nach Hause kamen, wurde ein großes Fest gefeiert.

An der Küste haben sich die Steinzeitmenschen kleine Hütten gebaut. Die sahen so ähnlich aus wie die Zelte der Indianer. Allerdings wurden sie nicht mit Fellen, sondern mit Reet bedeckt. Reet ist ursprünglich Schilf und wächst an Seen und Flüssen. Es wird zu kleinen Bündeln zusammengeschnürt und auf dem Dach befestigt, so wie bei manchen Häusern in Norddeutschland.

Das Museumsgelände ist riesengroß! Hier kannst du alles sehen, was es in der Natur gibt. Du kannst herumtoben, Blumen pflücken und Tiere beobachten.

Gleich in der Nähe sind die Flüsse Elbe und Oste und die Nordsee. Wenn du Glück hast, siehst du ein paar Schiffe.

Wenn du Spaß daran hast, gehe doch mal mit deinen Eltern zum nächsten Teich. Sieh nach, welche Tiere dort drin sind. Käscher gibt es in Spielwarenläden zu kaufen, oder du nimmst ein feines Sieb aus der Küche.

Wenn du dir die Tiere genau angesehen hast, wirf sie bitte wieder zurück in den Teich. Man kann alles aus der Natur holen, um es sich anzusehen. Dann muss man es der Natur aber auch wieder zurückgeben. Das ist so, als wenn sich ein Freund oder eine Freundin von dir etwas leiht: Das möchtest du doch auch gerne wiederhaben!

Außer für Steinzeitmenschen interessieren sich Max und Marie auch für Tiere, daher untersuchen sie einen kleinen Teich auf dem Museumsgelände.

Max schaut in den Teich und ist ganz enttäuscht, weil er keine Tiere sieht. Marie füllt einen Eimer mit Wasser. Dann nimmt sie einen Käscher, das ist ein kleines Fangnetz, und taucht ihn in den Teich. Sie zieht ihn ganz langsam an einer Wasserpflanze hoch. Und nun sieht auch Max viele Tiere! Sie sind bloß sehr klein.

Dann gießt Marie den Fang ganz vorsichtig in den Eimer. Sie hat Schnecken und Wasserkäfer gefunden. Es gibt aber noch viel mehr Tiere, die in dem Teich leben.

Auf einer Liste, die du im Museum bekommst, kannst du sehen, welche Tiere du gefangen hast. Die ganz winzigen Tiere kann man unter einem Mikroskop ansehen. Da wird ein kleiner Wasserfloh so groß wie ein Frosch.

Lass uns jetzt mal die Vögel ansehen! Komm mit zur Vogelstation. Dort ist eine Beobachtungshütte. In der Hütte sind Fernrohre, durch die man die Tiere beobachten kann. Es sind meistens Enten und Gänse. Sie picken mit ihren Schnäbeln im Schlick. Dort finden sie Würmer und andere kleine Tiere als Nahrung. Aber auch große Vögel wie den Graureiher und den Rauhfußbussard kannst du sehen.

Im Museum entdecken Marie und Max Bernstein. Bernstein ist gar kein richtiger Stein. Woran erkennt man Bernstein? Es gibt zwei Möglichkeiten: Du kannst ihn anzünden; er brennt und hat einen würzigen Geruch. Oder du legst ihn in Salzwasser; er geht nicht unter. Baltischer Bernstein ist 40 bis 50 Millionen Jahre alt.

Wie ist er entstanden? Er ist aus Harz, das aus den Bäumen geflossen ist und sich auf der Erde zu Klumpen geformt und verhärtet hat. Manchmal sind Fliegen, Bienen oder andere Insekten an dem frischen Harz kleben geblieben. Die Harzklumpen sind später von Blättern und Erde zugeschüttet worden.

Das Museum grenzt an Naturschutzgebiete und ein Feuchtgebiet, das nicht von Menschen betreten werden darf. Hier sind die Tiere ganz ungestört. Je nach Jahreszeit sind verschiedene Vogelarten zu sehen. Im Frühjahr und Herbst halten sich bis zu 15.000 Gänse, die sich hier auf ihrer langen Reise zwischen Afrika und Sibirien ausruhen, im Feuchtgebiet auf.

Aus Bernstein werden Schmuck, Figuren, Behälter und Griffe für Messer und Gabeln hergestellt – und manchmal auch Segelschiffe.

Wie bastelst du dir einen Zauberstab?
Das erklärt dir Max nun wie versprochen:

Zuerst brauchst du einen Stock von einem Haselstrauch. Das ist der Busch, an dem Haselnüsse wachsen. Den Stock schneidest du mit einem scharfen Messer ab. Vorsicht! Immer vom Körper wegschneiden und auf die Finger aufpassen! Besonders, wenn du die Kerben und Zeichen in das Holz schnitzt.

Wenn du damit fertig bist, kannst du den Zauberstab schmücken. Du bindest Perlen und Federn mit einem bunten Band oben an dem Stab fest.

Zum Schluss sagst du einen Zauberspruch wie zum Beispiel: „Hiermit gebe ich dir die Kraft, mich vor allen Feinden zu schützen!" oder „Im Schulranzen der Zauberstab, ich immer gute Noten hab'." Du darfst ihn aber nur zu deiner Verteidigung nehmen, sonst verliert er seine Kraft.

Weitere Infos: Seite 143

Elbschloss Bleckede
in Bleckede

Hast du schon mal in ein Storchennest geguckt? Im Elbschloss Bleckede kannst du das, ohne die Störche zu stören. An einem Storchennest im Ort befindet sich eine Kamera mit einem Sender und überträgt das Storchenleben direkt auf einen Fernseher im Museum. Du bist live dabei, wenn junge Störche schlüpfen oder ihre ersten Flugversuche starten.

Wusstest du, dass viele Vögel Deutschland im Winter verlassen? Hier ist es zu kalt und es gibt sehr wenig Nahrung. Die Schwalben zum Beispiel ziehen nach Süden und bleiben bis zum Frühling im warmen Afrika.

Ist es nicht toll, wie die Vögel hoch über der Erde fliegen können? Das funktioniert, weil Vögel sehr leicht und die Flügel stark gewölbt sind. Die Luft streicht ganz schnell darüber, es entsteht ein Sog und der Vogel kann fliegen.

Wer besser durch den Winter kommt? Das kannst du mit deinem Freund oder deiner Freundin im Herbst-Raum selbst durchspielen. Einer von euch zieht nach Süden, der andere bleibt hier. In sechs Spielrunden sammelt ihr Punkte, je nachdem, wie viel Nahrung ihr unterwegs findet.

Schwäne, Krähen und Meisen bleiben trotz der Kälte hier. Die Rotmilane hingegen sind sich nicht einig: Einige ziehen in den Süden, andere überwintern in Mitteleuropa.

Im Winter kannst du in den kahlen Bäumen gut die Vogelnester erkennen.

Das Weibchen brütet die Eier darin aus und die Jungvögel werden im Nest aufgezogen. Männchen und Weibchen bauen oft einige Wochen an dem Nest. Zweige, Halme und andere Pflanzenteile werden mit dem Schnabel zusammengeflochten.

Wir Menschen können leider nicht fliegen, aber du kannst dir einen Flieger aus Papier basteln und mit deinen Freunden einen Weitflugwettbewerb starten. Dazu brauchst du nur ein Blatt Papier und ein paar Minuten Zeit.

1. Die Oberkante des Blattes musst du dreimal umfalzen, damit ein starker Rand entsteht.
2. Dann faltest du das Blatt in der Mitte und biegst die beiden oberen Ecken entlang der gestrichelten Linie nach hinten.
3. Das Ganze faltest du nun zusammen.
4. Jetzt faltest du die Rückseite entlang der gestrichelten Linie kräftig hin und her. Dann schiebst du die untere Falzlinie nach innen, so dass ein kleines Dach entsteht. Das ist die Vorbereitung für das Schwanzstück.
5. Danach faltest du die zwei Flügel an den gestrichelten Linien nach außen.
6. Die Flügel faltest du noch einmal an den gestrichelten Linien nach außen.
7. Wenn du die Außenkanten der Flügel auch noch einmal falzt, gleitet der Flieger besser.

Wie weit fliegt er bei dir?

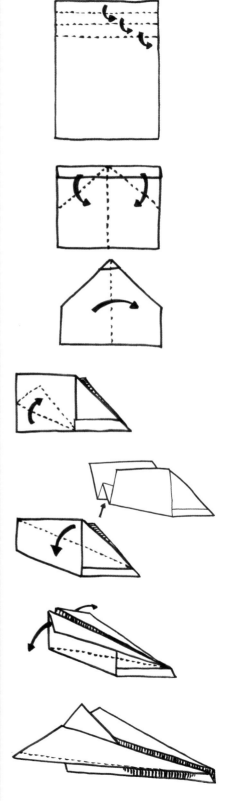

Bestimmt hast du auf dem Wasser schon einmal die Wasserläufer gesehen. Sie laufen mit ihren dünnen Beinchen über das Wasser, ohne unterzugehen. Das klappt, weil sie sehr leicht sind und deshalb die Spannung auf der Wasseroberfläche ausnutzen können.

Hier im Elbschloss dreht sich alles um die Natur an der Elbe. Und weil der Fluss gleich um die Ecke ist, können Kinder die Flusslandschaft selbst erforschen. Mit Gummistiefeln und Köcher ausgerüstet, kannst du in der Elbe kleine Flusstiere sammeln. In der Umweltwerkstatt für Kinder kannst du dann die Fliegenlarven, Schnecken und Egel unter dem Mikroskop anschauen und andere Experimente durchführen.

Diese Spannung kann sogar Dinge tragen, die schwerer sind als das Wasser. Probier doch zu Hause mal dieses Experiment aus: Leg eine trockene Nadel in eine Schale mit Wasser. Du musst sehr vorsichtig sein, damit du nicht durch die Wasseroberfläche stichst. Wenn du das geschafft hast, schwimmt die Nadel.

Weitere Infos: Seite 144

Focke-Museum
Bremer Landesmuseum für Kunst und Kulturgeschichte in Bremen

Weißt du, dass ein großer Fluss durch Bremen fließt? Es ist die Weser.

Im Museum gibt es ein Modell von Bremen. Dort kannst du die Weser besonders gut erkennen.

Und auch die vielen Häuser, die direkt am Wasser stehen – dort, wo früher die

Bremen ist eine alte Handelsstadt. Zu Beginn des 19. Jahrhunderts nahmen Fischerei, Reisen und Transport mit Schiffen erheblich zu. Die Weser jedoch versandete immer mehr. Immer weniger große Schiffe gelangten nach Bremen.

Um den Standort Bremen weiterhin zu erhalten, wurde 1827 ein Vorhafen von Bremen gegründet: Bremerhaven.

Schiffe anlegen und ihre Waren abliefern konnten.

Die Weser war schon immer die Lebensader der Stadt. Bereits im Mittelalter brachten Kaufleute mit ihren Schiffen Gewürze, Stoffe und Edelsteine aus fernen Ländern mit.

13

Der Seehandel sorgte für den Reichtum der Stadt.

„Nicht umsonst hießen die mächtigen Handelsherren auch Bremer ‚Pfeffersäcke'", erzählt Marie kichernd.

Der Schiffbau und im 20. Jahrhundert die Automobilproduktion trugen ebenfalls zum Wohlstand des Bürgertums in Bremen bei.

Prunkvolle Wohnräume und schöne Häuser siehst du im Museum zusammen mit Bildern von ihren Besitzern. Auch das Rathaus – hier im Modell – ist sehr beeindruckend.

Weitere Infos: Seite 144

14

Kunsthalle Bremen
in Bremen

Weißt du, was ein Maler macht? Es gibt Maler, die streichen Wände oder tapezieren sie, und andere, die malen Bilder. Meistens verwenden sie Leinwand. Das ist ein Stoff, der aus Leinen gewebt wird und besonders haltbar ist.

Viele Maler waren ihr Leben lang so arm, dass sie kaum zu essen hatten. Das meiste Geld gaben sie für Farben und Leinwände aus.

Einige von ihnen sind erst nach ihrem Tod berühmt geworden. Heute kosten ihre Bilder viel Geld und hängen in Museen auf der ganzen Welt. Einige könnt ihr in der Kunsthalle Bremen betrachten.

Das ist ein Bild von der Familie des Malers Nicolas de Largillière. Er hat es um 1704 gemalt.

Warum hat er sie denn nicht einfach fotografiert?

Vor 300 Jahren gab es noch keine Fotoapparate. Wer ein Bild seiner Familie haben wollte, musste sie malen lassen. Das konnten sich nur reiche Menschen leisten. Der Maler konnte seine Familie natürlich selber malen. Was siehst du alles auf dem Bild? Was haben die Menschen an? Sehen sie glücklich aus? Kannst du dir vorstellen, warum der Maler dieses Bild gemalt hat? Achte auf die Farben, die Finger und den Hintergrund.

Marie geht etwas näher an das Gemälde heran und erkennt kleine Risse in der Farbe. Kein Wunder, das Bild ist schon 300 Jahre alt und sehr empfindlich! Damit das Bild keine Flecke bekommt und nicht noch mehr Risse, darf man es nicht anfassen.

Max entdeckt in einem anderen Raum ein Bild, auf dem er nicht viel erkennen kann, obwohl er es fast mit der Nase berührt. Es heißt „Der Windstoß auf der Seine-Brücke".

Max und Marie haben sich einen Zettel und einen Stift mitgebracht. Sie schreiben sich alles auf, was sie in dem Bild entdeckt haben. Mache es ihnen nach, wenn du dir das Bild ansiehst. Was siehst du vorne rechts in dem Bild? Max glaubt, dass es ein Pilz ist. Und du?

Es ist eine junge Frau von oben betrachtet, die ihren Hut festhält.

Kannst du dir den Windstoß vorstellen?

Halte das Buch einmal ganz nah vor dein Gesicht und danach so weit weg wie möglich. Wann kannst du mehr erkennen?

Du siehst, wie unterschiedlich man malen kann!

Max und Marie haben gleich Lust bekommen, selbst etwas zu malen. Jeden Mittwochnachmittag kann man in der Offenen Werkstatt der Kunsthalle Bremen etwas Neues ausprobieren. Beim Malworkshop darfst du malen, wozu du Lust hast und du kannst aussuchen, welche Farben du nimmst.

17

Max und Marie sind im Raum herumgelaufen und haben sich auf den Boden gesetzt. Aber auch auf die Stühle darfst du dich setzen oder sie an andere Plätze stellen.

Schön ist es, die Augen zu schließen und auf das zu lauschen, was du hörst. Du erkennst bestimmt viele Geräusche.

Wusstest du, dass man auch ohne Farbe malen kann? Vor fast 20 Jahren hat es John Cage ausprobiert und mit Lichtern und Geräuschen Bilder erzeugt.

John Cage hat einen großen Raum weiß gestrichen. In dem Raum stehen einige Stühle. An der Decke hängen Lampen und Lautsprecher. Stimmen und Geräusche sind aus den Lautsprechern zu hören. Das Licht der Lampen erzeugt helle Flächen an den Wänden. Was denkst du, was man alles in diesem Raum machen kann?

„Das ist ja toll! Ein Bild, in dem man herumlaufen kann!", freuen sich Marie und Max

Richtig toll finden Marie und Max das Lichtballett des Künstlers Otto Piene. In einem dunklen Raum hat Otto Piene große Würfel und Kugeln aus Metall aufgestellt.

In die Würfel und Kugeln hat er viele unterschiedlich große Löcher gebohrt. Auf einer Seite eines Würfels sind viele Löcher nebeneinander. Auf einer anderen Würfelseite gibt es nur einige Löcher. Das sieht fast aus wie bei einem großen Küchensieb mit lustigen Mustern.

In das Innere der Würfel und Kugeln hat Otto Piene Lampen gestellt, die von einem Motor hin- und herbewegt werden. Weil es im Raum so dunkel ist, entstehen an den Wänden immer neue Bilder aus Licht. Auch hier darfst du durch den Raum laufen, dich hinsetzen und das Lichtballett in aller Ruhe anschauen.

Möchtest du dir auch ein Lichtballett bauen?

Das ist gar nicht so schwer! Hast du zu Hause einen Schuhkarton oder einen anderen kleinen Karton? Dann male mit einem Stift Löcher und Schlitze auf den Karton und schneide sie vorsichtig mit einer Bastelschere aus. Das dauert etwas länger als bei Papier, aber mit ein bisschen Geduld schaffst du es sicher.

Unter den fertigen Karton hältst du eine Taschenlampe. Du verdunkelst dein Zimmer oder wartest, bis es Nacht ist. Wenn du die Lampe unter dem Karton hin und her bewegst, hast du dein eigenes Lichtballett! Du kannst auch Musik dazu hören und die Lampe im Takt bewegen.

Weitere Infos: Seite 145

Schulgeschichtliche Sammlung Bremen
in Bremen

Gehst du gerne in die Schule? Vor 100 Jahren mussten Eltern für ihre Kinder Schulgeld bezahlen, wenn sie in eine höhere Schule gingen. Das konnten sich aber nur sehr wenige leisten.

Die Klassenräume sahen auch ganz anders aus. Es gab Sitzbänke aus Holz, hart und unbequem. Jeder musste im Unterricht ruhig und gerade sitzen und durfte nur sprechen, wenn er gefragt wurde.

Bevor die Lehrerin in den Klassenraum kam, haben sich alle Kinder auf ihre Plätze gesetzt. Wenn die Lehrerin die Tür öffnete, sprangen die Schülerinnen und Schüler auf und sagten im Chor: „Guten Morgen, Frau Lehrerin!" Dann durften sie sich wieder hinsetzen.

„Hui, sieh mal! Die Kinder müssen der Lehrerin ihre Finger zeigen. Warum?"

Die Lehrerin kontrollierte, ob alle saubere Hände und Fingernägel hatten. Waren sie bei einem Schüler dreckig, musste er ein Gedicht aufsagen: „Reinlichkeit sei meine Freude, sie zieret mich mehr als Gold und Seide."

Die Lehrer und Lehrerinnen waren sehr streng. Wenn ein Schüler im Unterricht redete oder seine Hausaufgaben nicht gemacht hatte, wurde er mit dem Rohrstock geschlagen. Oder er wurde in die Ecke geschickt und musste dort den Rest der Unterrichtsstunde still stehen. Frag doch mal deinen Opa oder deine Oma – sicher können sie dir viel über ihre eigene Schulzeit oder die Schulzeit ihrer Eltern erzählen.

Zum Schreiben hatte jeder Schüler eine Schiefertafel, Kreide und einen Schwamm. Papier war damals zu teuer, um darauf schreiben zu üben. Eine Schiefertafel sieht aus wie eine Schultafel, nur viel kleiner, ungefähr so groß wie ein großes Schulheft. War sie voll geschrieben, wurde sie mit dem Schwamm sauber gewischt.

„Die Jungen sehen ja aus wie Matrosen!"

In Bremen trugen früher alle Schüler die gleiche Kleidung: Die Mädchen hatten dunkelblaue Kleider und die Jungen Matrosenhemden. Um 1900 waren diese Hemden modern.

Die Lehrerinnen waren in schwarze Röcke und weiße Blusen gekleidet, die Lehrer in dunkle Anzüge. Kennst du ein Land, in dem die Kinder heute noch Uniformen tragen, wenn sie zur Schule gehen?

„Was haben die Kinder vor 100 Jahren gelernt? Schreiben, lesen, rechnen? Oder gab es noch andere Fächer?", fragt Marie.

Auf jeden Fall wurde Rechnen geübt. Es gab sogar schon Rechenmaschinen! Sie bestanden aus Stäben und Kugeln. Damit konnten Plus- und Minus-Aufgaben gerechnet werden. Auf dem Bild siehst du eine große Rechenmaschine. Jeder Schüler und jede Schülerin hatte solch eine Maschine, nur viel kleiner, zu Hause.

Zum Beispiel in England.

Das Fernrohr wurde 1610 von Galileo Galilei zum ersten Mal zur Beobachtung des Himmels benutzt. Heute gibt es in vielen Städten Sternwarten. Die Adressen dazu findest du im Internet unter dem Stichwort „Sternwarte" oder du bekommst sie bei der Stadtverwaltung.

Im Weltraum gibt es ein Teleskop, das über Funk mit der Erde verbunden ist. Es heißt Hubble. Mit ihm können Wissenschaftler sehr weit in den Weltraum hineinsehen. Auf der Internetseite **http://heritage.stsci.edu/gallery/galindex.html** kannst du Bilder sehen, die von Hubble fotografiert wurden.

Weitere Infos: Seite 146

Natürlich wurde auch Lesen und Schreiben gelehrt. Weitere Fächer waren Physik, Biologie und Astronomie. Sie wurden in den höheren Klassen unterrichtet.

In Physik lernt man, wie Strom entsteht. An einer Maschine im Museum kannst du es ausprobieren.

Wenn du nachts am Himmel die Sterne beobachtest, dann kannst du sie mit einem Fernrohr „näher zu dir heranholen".

„Wie geht das? Kommen die Sterne dann wirklich näher?", fragt Max.

Das funktioniert wie eine Lupe. Hast du eine Lupe zu Hause, dann probiere es doch einmal aus. Alles, was du betrachtest, wird viel größer, als du es mit dem bloßen Auge sehen kannst.

Um die Jahrhundertwende hatten die Menschen meist nicht viel zu essen. Es gab zum Frühstück nur eine kleine Auswahl an Lebensmitteln: selbst gebackenes Brot (schmeckt wie Brot aus dem Bioladen), Butter, braunen Rohrzucker, Rübensaft (heute gibt es Rübensirup im gelben Pappbecher), Schmalz, Salz und Getreidekaffee (zum Beispiel „Caro-Kaffee").

Überrasche deine Eltern und Geschwister sonntags mit einem historischen Frühstück um 1900! Und male das Bild vom Frühstückstisch bunt an.

Übersee-Museum
in Bremen

Marie und Max unterhalten sich.

„Wetten, dass du in einem Tag um die ganze Welt kommst?"

„Ja, wenn ich zaubern könnte!"

„Nein, das geht ganz ohne zaubern. Komm nur mit mir ins Übersee-Museum."

„So groß kann doch gar kein Museum sein, dass die ganze Welt darin Platz findet!"

„Das ist richtig. Nicht die ganze Welt, aber von allen Orten etwas. Du siehst einen Büffel aus Amerika, hörst, wie Kinder in China spielen. Und wenn du Lust hast, kannst du auch selber trommeln wie in Afrika! Also, setzen wir uns in ein Übersee-Museums-Flugzeug und fliegen in Bremen los! Zuerst nach Nordamerika."

Als die beiden über die Prärie – das ist die amerikanische Steppe – fliegen, entdecken sie Tausende von Bisons und ein paar Indianer, die vor ihren Zelten ein Lagerfeuer entzündet haben.

„Marie, lass uns landen! Ich möchte sehen, wie die Indianer lebten. Warum wohnten sie denn nicht in Häusern?"

Marie weiß gut Bescheid: „Indianer lebten von dem Fleisch und dem Fell der Büffel und zogen daher den Herden hinterher. Weil sie auch so etwas ähnliches wie ein Haus brauchten, haben sie sich Zelte gebaut. Die sind schnell auf- und wieder abzubauen und heißen Tipi. Praktisch, nicht?"

„Toll, wie der Indianer den Büffel jagt! Gibt es auch ein Westamerika, ein Ostamerika und ein Südamerika?"

„Es gibt Mittelamerika und Südamerika. Und dort fliegen wir jetzt hin. Steig ein und halte dich fest. Es geht nach Peru. Dort lebten früher die Inkas. Heute leben dort die Peruaner. In diesem Land wächst Mais. Und wenn die Menschen feiern, basteln sie Masken aus Maisblättern. Die Kinder bekommen bunte Masken aus Pappe, die so ähnlich aussehen."

„Hm, es gab doch noch einen Kontinent mit einem A am Anfang", überlegt Max.

„‚A' wie Afrika. Auf geht's, wir starten! Dort sehen die Menschen wieder etwas anders aus. Die meisten haben eine dunkle Hautfarbe – wie Schokolade."

„Und du siehst aus wie Käse, du Bleichgesicht! Festhalten, wir landen in Togo. Das liegt in Westafrika. Hier ist Amakoe zu Hause. Findest du sein Land auf der Landkarte? Es liegt direkt am Meer."

„Wer ist Amakoe? Und was macht er hier im Museum?"

„Amakoe zeigt dir, wie er und seine Familie in einem afrikanischen Dorf leben. Du kannst mit ihm Wasser in Schalen auf dem Kopf tragen, Hirse in Holzkübeln stampfen und Musik mit Kürbissen machen."

„Das funktioniert sogar! Hey, ich kann trommeln!"

Du glaubst nicht, dass man mit Kürbissen Musik machen kann? Dann probiere es selbst aus: Schneide einen mittelgroßen Kürbis in der Mitte durch und höhle ihn aus. Gieße Wasser in eine große Schale und lege den halben Kürbis umgekehrt auf die Wasseroberfläche. Fertig ist deine Wassertrommel! Umwickle einen Holzstock mit einem Lappen und verknote die Enden eines Lappens, dann hast du einen Schlegel. Und los geht's mit dem Trommeln!

„Nimm die Trommel mit, wir wollen weiter. Wir bleiben auf der Südhalbkugel der Erde und überqueren den Indischen Ozean. Dort, wo wir gleich landen, gibt es Tiere, die ihre Jungen in einem Beutel tragen. Weißt du, welchen Kontinent ich meine?"

Max weiß es: „Klar! Das ist Australien! Kennst du das bekannteste Spielzeug der Australier? Es sieht aus wie ein V und kommt immer wieder zurück."

„Es ist ein Bumerang. Damit er zurückkommt, muss er fest genug und im richtigen Winkel geworfen werden.
Die Ureinwohner Australiens, sie heißen Aborigines, benutzten ihn früher als Jagdwaffe. In einem Spielwarenladen findest du verschiedene Größen und Ausführungen."

Weitere Infos: Seite 146

„Der nächste Kontinent liegt im Norden. Dort ist das größte Land der Erde mit den meisten Menschen. Kennst du es?"

„Ich weiß nur, dass wir noch nicht in China waren."

„Genau. Wir sind jetzt in China, und der Kontinent heißt Asien. Die Kinder dort nähen sich aus buntem Stoff kleine Bälle und füllen sie mit Reis. Sie nehmen sie als Fußbälle oder einfach nur zum Knuddeln."

Ganz viele Sachen sind nebenan im Lager des Museums, dem ÜBERMAXX, zu sehen.

Wenn dir die Erde nicht mehr reicht, kannst du in die Sterne schauen. Im Sternenzimmer ist unser Sonnensystem und das gesamte Weltall zu sehen.

So bastelst du eine Inka-Maske:

Male die Maske nach der Vorlage auf ein Stück Pappe. Dann schneide sie mit einer Schere aus, die Löcher für Nase, Mund und Augen auch. Jetzt brauchst du sie nur noch bunt anzumalen.

Die Kinder in Peru nehmen die Farben, die sie am liebsten mögen. Das kannst du auch tun. An den Enden noch ein Gummiband einziehen – und fertig ist deine Maske!

Universum Science Center
in Bremen

Marie freut sich schon aufs Erdbebenzimmer. „Aber erst machen wir ein paar Riesenseifenblasen!"

„Ok, ich bin dabei. Aber danach geht's zu den Ameisen! Ich will die Königin suchen", meint Max ungeduldig. „In dem Raum, in dem man nichts sehen, sondern nur tasten kann, waren wir auch noch nicht."

Doch zunächst haben Marie und Max eine Menge Spaß mit dem „Flusslauf".

Der „Flusslauf", das ist ein echter kleiner Fluss im Universum. Du kannst Steine hineinlegen, Dämme bauen und das Wasser mal schnell und mal langsam fließen lassen.

Hier lernst du, welche Kraft das Wasser hat.

33

Drei Expeditionen führen durch das Universum. Expeditionen, das sind Entdeckungsreisen.

Auf der roten Expedition erfährst du Spannendes vom Menschen. Wo waren wir vor unserer Geburt? Wie fühlten wir uns wohl in der Gebärmutter? Und wie funktionieren unsere Sinne?

Du kannst hier Ameisen beobachten, ein ganzes Volk! Sie krabbeln in durchsichtigen Röhren und Kugeln.

Es gibt Ameisen, die als Arbeiter und andere, die als Soldaten eingesetzt sind, – und eine Königin. Keine Angst: Aus den Röhren können sie nicht herauskrabbeln.

Marie und Max sind nun im Erdbebenzimmer. In einer kleinen gemütlichen Stube setzen sie sich auf ein Ledersofa.

Sie hören Radio, reden miteinander und – plötzlich fängt die Lampe an zu schaukeln, die Wände wackeln, immer stärker und stärker – die Erde bebt!

Erdbeben zerstören oft ganze Dörfer und Städte. Im Universum bleibt alles heil, doch du fühlst, welche Kraft ein Erdbeben haben kann.

„Hier gibt es einen Ball, der tanzend in der Luft schwebt und nicht herunterfällt! Warum?", fragt Max.

Er ist gefangen in einem Luftstrom – oder ist es vielleicht doch Zauberei? Das solltest du überprüfen!

Marie und Max brauchen den ganzen Tag, um im Universum alles zu erkunden: die Tauchfahrt im U-Boot-Simulator, den Sprachenglobus, mit dem sie viele Sprachen der Welt hören können, die Schlammspringer, die im Wasser und an Land leben können, und vieles mehr.

Sogar den Urknall erleben sie.

Die blaue Expedition zeigt dir unsere Erde und die Vielfalt des Lebens.

Du erlebst die Entstehung eines Tornados, du fühlst in der Klimakammer die Kälte der Arktis und in der Wüste gräbst du die Knochen der ersten Menschen aus.

Die gelbe Expedition führt dich in den Kosmos. Der Kosmos, das ist der Weltraum.

Die Expedition geht vom Rand des Weltalls bis zum Licht der Sonne, zu den Kräften der Erde und zu den kleinsten Bausteinen der Materie.

35

Hier ist ein Experiment aus dem Universum, das du zu Hause machen kannst:

Die Ministrömungskugel

Ein Marmeladenglas macht tobende Turbulenzen sichtbar.

Das brauchst du:
1 rundes Marmeladenglas,
Goldpigment,
Wasser und etwas
Spülmittel.

Und so wird es gemacht:

Einen halben Teelöffel Goldpigment in das Marmeladenglas geben.

Das Glas möglichst vollständig mit Wasser füllen und etwas Spülmittel dazugeben.

Nun muss nur noch der Deckel auf das Marmeladenglas. Schraub ihn fest zu.

Jetzt drehst du das Glas und siehst die Turbulenzen.

Das Museum ist von außen genauso faszinierend wie von innen.

Ist es ein Wal, eine silberne Muschel, oder ein Raumschiff, das in einem See gelandet ist?

Weitere Infos: Seite 146

Deutsches Schiffahrtsmuseum
in Bremerhaven

„Moin moin, ihr Landratten! Woll'n wir in See stechen?"

Das sagt man, wenn man auf einem Schiff ist und ablegen möchte. Marie meint, ob du Lust hast, mit uns ins Schiffahrtsmuseum in Bremerhaven zu kommen und dort dein Steuermanns-Zeugnis zu machen.

„Man tau, jetzt wird geschippert! Auf zum Miniport!"

Im Untergeschoss des Museums gibt es ein riesengroßes Wasserbecken. Dort kannst du das Steuermannspatent erwerben. Du steuerst ein Modellschiff. Das Steuerrad ist von einem echten Schiff, genau wie der Gashebel. Richtig heißt er Maschinentelegraf.

„Volle Kraft voraus und immer schön Steuerbord bleiben."

Wer ein richtiger Kapitän werden will, muss gut steuern können. Aber Vorsicht – ein Schiff hat keine Bremse! Jeder, der hier unfallfrei fährt, bekommt das Steuermannspatent.

Falls du Marie nicht verstehst: Am Ende dieses Textes findest du ein Seemannslexikon. Dort sind alle Begriffe erklärt.

„Auf dem Meer gibt es gar keine Verkehrszeichen. Woher weiß der Kapitän, wohin er fahren muss?"

Er sieht auf seinen Kompass und erkennt, ob er in die richtige Richtung fährt. Habt ihr auch einen Kompass zu Hause? Eine Nadelspitze zeigt immer nach Norden. Weißt du, warum? Frag mal deine Eltern.

Der Kapitän kann auch noch durch ein Fernrohr sehen, es sei denn, er sitzt in einem U-Boot. Das ist ein Schiff, das unter Wasser fahren kann. Es sieht so ähnlich aus wie eine riesige Zahnpastatube. Es hat ein Sehrohr, mit dem der Kapitän nach draußen schauen kann.

„Gab es auch auf den ganz alten Schiffen schon Kompasse?"

Sicher ist, dass die Chinesen vor etwa 900 Jahren die ersten Kompasse verwendeten.

Ein ganz altes Schiff siehst du in diesem Museum. Es ist eine Kogge, also ein Handelsschiff, das vor 600 Jahren in der Weser untergegangen ist. Acht Jahre haben Fachleute gebraucht, es wieder zusammenzubauen.

„Weißt du, dass Wale keine Fische sind?"

Wale sind Säugetiere wie wir Menschen. Die Weibchen bekommen ihre Jungen und säugen sie – stell dir vor, alles unter Wasser.

Im Erdgeschoss des Museums siehst du ein riesiges Skelett von einem Pottwal. Es ist etwa achtzehn Meter lang. Nimm mal einen Zollstock und miss diese Länge ab. Würde er in dein Zimmer passen?

Der riesige Schädel des Pottwals macht etwa ein Drittel der Körperlänge aus. Pottwale jagen in Tiefen von bis zu tausend Metern. Sie ernähren sich hauptsächlich von Riesenkraken und Riesenkalmaren, das sind zehnarmige Tintenfische.

„Komm! Lass uns nach draußen gehen", ruft Marie. Dort gibt es einen Museumshafen mit vielen richtigen Schiffen. Mir gefällt am besten die „Seute Deern", das heißt „Süßes Mädchen". Es ist ein Segelschiff mit drei riesengroßen Masten und wurde vor über 80 Jahren gebaut.

Das kleine Seemannslexikon

Steuermannspatent	Führerschein für den Steuermann
Steuerbord	in Fahrtrichtung rechts
Backbord	in Fahrtrichtung links
Bug	Vorderende des Schiffes
Heck	Hinterende des Schiffes
achtern	hinten
Heuer	Seemannslohn
Tau	dickes Seil
Reling	Geländer auf dem Schiff
Kajüte	Wohn- und Aufenthaltsraum unter Deck
Kombüse	Schiffsküche
Smutje	Schiffskoch
Steuermann	er lenkt das Schiff
Kai	Hafenmauer
löschen	Schiff entladen
volle Kraft voraus	Höchstgeschwindigkeit fahren
Takelage	Mast-, Segel- und Tauwerk auf Schiffen

Weitere Infos: Seite 147

Historisches Museum Bremerhaven

Morgenstern-Museum in Bremerhaven

„Max, kannst du dir vorstellen, wie die Menschen vor mehr als hundert Jahren gereist sind?"

„Die meisten Menschen sind gar nicht gereist. Denn sie hatten kein Geld und mussten viel arbeiten."

„Ja, und viele sind zu Fuß gegangen. Aber wenn jemand weite Wege zurücklegen musste, dann ritt er auf einem Pferd oder fuhr mit einer Kutsche, die von Pferden gezogen wurde. Bis es dann Autos gab."

Wer nach Amerika auswandern wollte, fuhr mit einem Schiff. Erst gab es nur Segelschiffe, dann kamen maschinengetriebene Dampfer dazu. Die Fahrt nach Amerika dauerte mit dem Segelschiff 6 bis 10 Wochen, mit den ersten Dampfern etwa 14 Tage. Viele Tausende von Reisenden sind von Bremerhaven aus losgefahren.

Große Passagierdampfer legten damals hier ab. Kennst du die „Titanic"? Das war ein solches Schiff. Die Titanic ist allerdings nie in Bremerhaven abgefahren. Andere bekannte Schiffe sind z.B. die „Columbus" oder „Kaiser Wilhelm der Große". Wenn ein Dampfer losfuhr, haben viele Menschen am Kai den Reisenden zum Abschied mit Hüten und Tüchern gewinkt.

Bremerhaven wurde 1827 an der Wesermündung als „Bremer Haven" gegründet, als Hafen für die Stadt Bremen. Sehr schnell wurde Bremerhaven zum größten Auswandererhafen Europas mit über 100.000 Auswanderern pro Jahr. Heute werden im Hafen hauptsächlich Container, Autos und Früchte verladen.

Ein Schiff wird in vielen Arbeitsschritten zusammengebaut. Das geschieht in einer Schiffswerft. Mitten im Museum siehst du auf einem Schiffbauplatz den halbfertigen Rumpf eines Fischdampfers. Die Arbeiter montieren Platten aus Stahl an der Außenseite des Schiffes.

Dazu werden Nieten aus Metall in einer Esse, das ist eine Feuerstelle, erhitzt, bis sie glühen. Die Nieten müssen heiß sein, damit sie sich verformen lassen. Nieten sind kurze dicke Eisennägel. Der Mann mit der langen Eisenzange wirft die glühenden Nieten den beiden Arbeitern am Schiffsrumpf zu.

Von innen hält ein Schiffbauer mit einem Gegenhalter, das ist ein spezielles Werkzeug, den Niet fest. Von außen wird der so genannte Kopfmacher aufgesetzt und es wird mit einem schweren Hammer darauf geschlagen. Dabei verformt sich das Nietende zu einem Kopf. Jetzt hat der Niet auf jeder Seite einen Kopf und kann nicht mehr herausrutschen.

Das Nieten-Einschlagen ist eine sehr anstrengende Arbeit, und obendrein auch noch sehr laut. Die harten wuchtigen Schläge hörte man früher bis weit in die Stadt hinein.

Möchtest du die Arbeit ausprobieren? Dann komm mit in die Schiffbauwerkstatt. Du bekommst Lederhandschuhe und eine Lederschürze, wie sie die Werftarbeiter früher getragen haben, und natürlich das Werkzeug dazu. Jetzt darfst du in einer Nieterkolonne arbeiten und Stahlteile mit einem Hammer vernieten.

Die Schiffe wurden von riesigen Dampfmaschinen angetrieben. Viele sind so groß wie Wohnhäuser oder noch größer. Diese gewaltigen technischen Apparate kannst du in der Maschinenhalle bewundern.

„Puuh!! Das ist ja eine schrecklich schwere Arbeit!"

Mit der Erfindung von Dampf- und Kühlmaschinen hielt die Industrialisierung ab 1885 Einzug in das Fischereiwesen. Mit den technischen Veränderungen an den Schiffen veränderten sich auch die Arbeitsbedingungen in der Hochseefischerei.

Hier siehst du eine Kältemaschine zur Eisproduktion, die von einer Dampfmaschine angetrieben wird.

43

Marie erzählt: „Ich kenne einen Zungenbrecher: Fischers Fritze fischt frische Fische. Frische Fische fischt Fischers Fritze."

Schaffst du es, diesen Spruch zehn Mal hintereinander fehlerfrei zu sprechen?

Genau dort, wo heute das Historische Museum Bremerhaven ist, standen vor vielen Jahren lange Hallen. Ein Fischdampfer nach dem anderen machte im Hafen fest. Hafenarbeiter brachten die frischen Fische zum Verkauf in die Hallen. Dort wurden sie auf Eis gelegt, damit sie länger frisch blieben.

Einige Fische wurden geräuchert und gesalzen und brauchten so nicht mehr gekühlt zu werden, waren aber trotzdem haltbar. Gibt es in deinem Wohnort einen Fischladen? Wie wird dort der Fisch frisch gehalten?

Im Historischen Museum Bremerhaven kannst du auch die Werkstatt eines Böttchers sehen. Weißt du, was ein Böttcher ist?"

Das ist jemand, der Fässer und Bottiche aus Holz herstellt. Runde Riemen aus Metall halten die Fässer zusammen. Besonders für die Lagerung von Heringen benötigte man früher sehr viele Fässer.

Möchtest du ein Schiffchen aus Styropor basteln?

Du brauchst:
- 1 kleine Styroporplatte, 5 cm dick, 20 cm lang, 12 cm breit
- 3 dicke Trinkhalme
- 1 Blatt Papier, ca. 10 x 15 cm
- etwas Tesafilm

Schiffsrumpf: Schneide aus der Styroporplatte die Form aus, die rechts aufgezeichnet ist. Zeichne auch die Mitte an und bohre ein kleines Loch in der Größe des Trinkhalmes hinein.

Segel: Kürze zwei Trinkhalme auf 15 cm Länge. Ritze in den dritten Trinkhalm mit einem Messer vorsichtig zwei Schlitze ein, Abstand von oben: 2 cm und 12 cm, so dass die beiden Schlitze 10 cm Abstand haben. Dann musst du die beiden kurzen Strohhalme bis zur Mitte durchstecken und das Blatt Papier mit Tesafilm an den quer liegenden Trinkhalmen festkleben.

Zusammenbau: Stecke das Segel tief in die Mitte des Schiffsrumpfes – fertig ist dein Segelschiff.

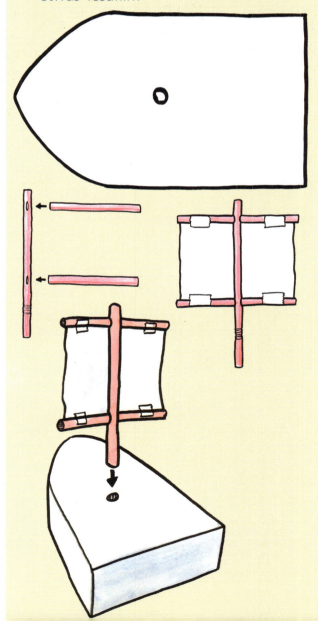

Weitere Infos: Seite 147

Bomann-Museum Celle
in Celle

Bestimmt hast du einen kuschelig weichen Wollpullover.

Weißt du, wo die Wolle herkommt?
Richtig: vom Schaf.

Schon vor etwa 8000 Jahren begannen Menschen, Schafe zu züchten. Das Fleisch haben sie gegessen, und mit dem weichen Fell der Tiere, der Schafwolle, wärmten sie sich, wenn es draußen nass und kalt war.

Obwohl die Heide nicht viel Futter bietet, gibt es Schafe, die in dieser Landschaft sehr gut leben können. Sie sind silbergrau und haben ein langes, zotteliges Fell. Weißt du, wie sie heißen?

Es sind Heidschnucken.

Die Heidschnucke stammt vom Europäischen Wildschaf ab, dem Mufflon. Es lebte ursprünglich rund um das Mittelmeer.

Früher gab es viele Bauernhöfe, auf denen Herden von 500 bis 700 Schnucken lebten. Aber heute gibt es in Deutschland nur noch wenige Herden.

In der Umgebung von Celle findest du zwei große Bauernhöfe: mit insgesamt 900 Tieren!

Bestimmt weißt du, dass Schafe Gras fressen. In der Umgebung von Celle gab es früher aber nur Heidekraut.

Die Heide ist eine Landschaft fast ohne Bäume, aber mit kleinen Sträuchern und lila-roten Heidepflanzen, die du bestimmt schon einmal gesehen hast.

Entstanden ist die Heidelandschaft, weil Schafe und andere Tiere junge Bäume angeknabbert haben, die so nicht weiterwachsen konnten.

Ohne Bäume und Büsche verlor aber auch die Erde immer mehr an Kraft und konnte nur noch Nahrung für Pflanzen bieten, die nicht viel zum Leben brauchen: so wie das Heidekraut.

Im Winter, wenn es sehr kalt war, haben Pferde und Kühe mit im Bauernhaus gewohnt.

Die Wärme der Tiere „heizte" das Haus. Zu der Zeit gab es keine Heizung – nur eine Feuerstelle.

Bauernhäuser – wie das im Bomann-Museum – waren seit dem Mittelalter weit verbreitet. Im großen Raum in der Mitte befand sich eine offene Feuerstelle zum Kochen und Heizen.

Warst du schon einmal in einem echten alten Bauernhaus?

Im Bomann-Museum kannst du erfahren, wie Menschen früher gelebt haben.

Der hintere Teil des Hauses bestand aus Wohnstube, Schlafkammer und einer Stube für die Großeltern.

Dieser Mann hat das Bomann-Museum in Celle im Jahr 1892 gegründet. Er hieß Wilhelm Bomann.

Ihm gehörte eine Fabrik, in der Stoffe gefärbt wurden. Und er wollte, dass die Menschen in Celle etwas über die Geschichte ihrer Landschaft erfahren: wie alte Handwerksberufe entstanden sind zum Beispiel, wie die Vorfahren auf dem Land oder in der Stadt gelebt haben und Spannendes über das Ritterleben!

Wilhelm Bomann schrieb auch ein Buch über das Leben der Bauern im alten Niedersachsen und sammelte viele Gegenstände, die auf Bauernhöfen benutzt wurden.

Das alles ist im Bomann-Museum zu sehen.

Das Bomann-Museum hat 5500 Quadratmeter Ausstellungsfläche. Das ist fast so groß wie ein Fußballfeld. Damit ist es eines der größten Museen in Niedersachsen.

Es erzählt von der Geschichte der Landschaft und der Menschen im heutigen Niedersachsen.

Hier kannst du auch entdecken, womit Kinder früher spielten, als es noch keine Computer und ferngesteuerten Autos gab.

Hier kannst du alte Spielzeuge entdecken und einige sogar selbst ausprobieren. Hast du Lust, auf einem Steckenpferd zu reiten oder einen Peitschenkreisel auszuprobieren?

Hast du schon eine Party für deinen Geburtstag geplant? Komm mit deinen Freunden ins Bomann-Museum. Hier könnt ihr zum Beispiel Holzspielzeug bauen, Öllampen oder Wappen basteln oder aus Wolle Bilder gestalten!

Jetzt brauchen Max und Marie deine Hilfe!

Sie suchen ein Wort. Damit das, was sie suchen, nicht ausgeht, musst du immer wieder trockene Holzstücke auflegen.

Dabei musst du aber vorsichtig sein, denn wenn du zu nah herangehst, wird es sehr heiß.

Vor einer Million Jahre haben unsere Vorfahren entdeckt, wie man es selber machen kann.

Sie nutzten es, um sich zu wärmen, um zu kochen und sich vor wilden Tieren zu schützen.

Na, weißt du, was Max und Marie suchen?

!reueF sad ,uaneG

Weitere Infos: Seite 148

Walderlebniszentrum in Ehrhorn

Im Wald leben viele Tiere. Rehe, Füchse und Wildschweine kennt jedes Kind. Aber hast du schon gehört, dass es bei uns im Wald auch Löwen gibt?

Was, das glaubst du nicht? Wenn du im Wald von Ehrhorn unterwegs bist, wirst du die Löwen entdecken. Keine Angst!

Der Löwe, den du hier findest, ist eine kleine Larve und heißt Ameisenlöwe, denn sie frisst Ameisen. Schau dir den Ameisenlöwen mit einer Lupe mal genauer an!

Der Wald der Lüneburger Heide wächst auf Sandboden. Der Ameisenlöwe buddelt sich in den Sand ein und wartet am Boden eines Trichters auf die Ameise.

Wenn eine Ameise kommt, bewirft er sie mit Sand. Sie rutscht in den Trichter und er frisst sie.

Geschickt, nicht? Der Ameisenlöwe ist zwar nur so groß wie ein Daumennagel, aber er ist genauso ein Jäger wie ein echter Löwe.

Warst du schon mal bei Nacht im Wald? Alles ist dunkel, du siehst keinen Baum und musst mit deinen Händen den Weg ertasten. In Ehrhorn kannst du das ausprobieren. Mit verbundenen Augen tastest du dich durch den Wald. Damit du dich nicht verläufst, hältst du dich mit einer Hand an einem Seil fest und mit der anderen findest du den Weg. Das macht Riesenspaß.

Hast du im Wald schon mal ein Reh gesehen? Wenn ja, dann warst du bestimmt ganz leise. Rehe können schlecht sehen. Damit sie aber trotzdem ihre Feinde bemerken und flüchten können, haben sie ein feines Gehör.

Der Luchs ist eine Raubkatze und auf der Jagd nach Rehen. Er ist ein Einzelgänger und schleicht sich ganz leise an seine Beute an.

Ob du auch so gut hören kannst wie ein Reh, testest du beim Spiel „Reh und Luchs".

Stell dich mit deinen Freunden in einem Kreis auf, am besten abseits eines Weges.

Einer von euch ist das Reh. Es stellt sich in die Mitte des Kreises. Dort werden ihm die Augen verbunden.

Die anderen Mitspieler sind die Luchse. Die schleichen sich nun einzeln an das Reh heran und müssen es antippen.

Da das Reh die Augen verbunden hat und nicht weglaufen kann, wehrt es sich mit einer Wassersprühflasche. Hört es ein Geräusch, dann sprüht es Wasser in diese Richtung.

Das Reh hat gewonnen, wenn es einen Luchs getroffen hat. Der Luchs ist Sieger, wenn er ganz leise war und das Reh antippen konnte, bevor es ihn mit Wasser bespritzte.

Im Wald kannst du viele schöne Sachen machen. Mal doch einmal ein Waldbild ohne Buntstifte. Du glaubst nicht, dass man ohne Stifte malen kann?

Probier es doch mal aus. Geh auf eine Wiese, am besten im Frühling, und sieh dich um. Siehst du die tollen Farben?

Da steht ein Baum mit grünen Blättern, daneben eine Pflanze mit weißen Blüten und hellgrünen Stengeln und darunter kleine blaue Blumen.

Such dir die Farben des Waldes zusammen und male dein Waldbild, und zwar mit dem Saft von Blättern, Blüten und Früchten, mit feuchter Erde oder saftigen Zweigen.

Alle Mitarbeiter kennen ihren Wald genau und geben Auskunft über die Wiederaufforstung und Projekte zur langfristigen ökologischen Waldentwicklung (LÖWE).

Im Walderlebniszentrum erfährt man, warum große Teile des Waldes in der Lüneburger Heide verschwanden, und was heute dagegen getan wird.

Die Ausstellung in einem ehemaligen Heidebauernhof erzählt „Heide-, Wald- und Menschgeschichten".

Hier kannst du den Ameisen ins Nest gucken!

Der Mensch hat in den letzten Jahrhunderten das Erscheinungsbild der Landschaft stark verändert.

Vor 1000 Jahren lag die Siedlung Ehrhorn in einem fruchtbaren, waldreichen Gebiet. Heute gibt es in der Umgebung nur Wanderdünen aus Sand, auf denen der Wald nur mühsam wächst.

Nach dem Besuch der Ausstellung kannst du auf den Rad- und Wanderwegen die Natur erleben und entdecken.

Weitere Infos: Seite 149

Archäologisches Zentrum
in Hitzacker

Weißt du, wie die Menschen vor über 3000 Jahren gelebt haben?

Marie kann sich das kaum vorstellen. Damals gab es keine Autos, keine Straßen und auch keine Städte.

Die Menschen lebten in kleinen Siedlungen zusammen. Wenn ihnen kalt war, konnten sie nicht einfach die Heizung andrehen, sondern mussten ihr Feuer selbst machen. Aber Streichhölzer waren auch noch nicht erfunden.

Los, komm mit nach Hitzacker! Max ist begeistert von der Idee. Denn hier lernt man, wie man mit Feuersteinen ein ordentliches Lagerfeuer macht.

Damals – die Zeit wird auch Bronzezeit genannt - nahmen die Menschen wenig Salz, und auch Zucker gab es nicht. Aber du kannst Honig in den Teig tun, und dann schmeckt das Brot lecker süß und knusprig.

Wenn dein Feuer brennt, kannst du dir einen Tee kochen oder selbst Brot backen.

Aber vorher muss erst das Getreide auf dem Mahlstein gemahlen werden. Es ist gar nicht so leicht, Weizenkörner mit einem Stein zu zerdrücken! Früher gab es noch keinen Strom und alles wurde mit der Hand gemacht.

Wenn das Mehl gemahlen ist, machst du daraus den Brotteig und bäckst ihn in der Pfanne oder im Lehmofen.

Hast du schon mal Getreidebrei gegessen?

Probier doch das einfache Rezept für „süßen Gerstenbrei mit Frischkäse" aus. Dafür brauchst du zwei kleine Hände voll Gerstenschrot (den gibt es im Reform- oder Bioladen), zwei Becher Frischkäse oder Quark, drei Esslöffel Honig und ein kleines Ei. Den Gerstenschrot röstest du kurz in der Pfanne. Anschließend musst du ihn zwei Stunden in Wasser einweichen und danach das Wasser durch ein Sieb abgießen. Zum Schluss verrührst du den Schrot mit Frischkäse, Honig und Ei.

„Schmeckt es dir, Max?"
„Naja, es gibt Besseres!"

In der Nähe des Archäologischen Zentrums fließt die Jeetzel. Auf diesem Flüsschen kannst du mit einem Einbaum fahren.

Der Einbaum war das wichtigste Fortbewegungsmittel der Bronzezeit. Er war aus einem dicken Eichen- oder Birkenstamm und wurde sorgfältig ausgehöhlt, damit man sich hineinsetzen konnte.

Beim Paddeln kannst du deine Geschicklichkeit testen, denn wenn du wackelst, wackeln alle und du musst versuchen, das Gleichgewicht zu halten.

Deine Geschicklichkeit kannst du auch auf einem Holzstamm auf dem Land testen. Balanciere auf einem Stamm, der sich hin und her bewegt. Schaffst du das?

Aber sei vorsichtig und bitte jemanden, dich festzuhalten, falls der Stamm ins Rollen kommt oder du abrutschst.

Spannend und etwas gruselig ist es, in den „Langhäusern" der Menschen aus der Bronzezeit zu übernachten.

Du bringst Schlafsack und Isomatte mit und bleibst die ganze Nacht hier.

Wenn es dunkel wird, werden sogar die ganz Mutigen leise, denn es gibt kein Licht und die Häuser haben keine Fenster, durch die der Mond scheinen kann.

Aber so eine Nacht vergisst du bestimmt nicht so schnell, und kannst dir vorstellen, wie sich die Menschen vor 3000 Jahren gefühlt haben.

Weitere Infos: Seite 150

Wenn du zurück bist vom Fluss, probierst du aus, ob du ein guter Jäger bist.

Damals machten die Menschen mit Pfeil und Bogen Jagd auf Hirsche, Rehe und Wildschweine, sogar Fische wurden manchmal so erlegt.

Auf der Bogenschießbahn merkst du, wie schwierig es ist, das Ziel zu treffen. Dabei schießt du nur auf eine Zielscheibe und nicht auf ein lebendiges Tier, das sich bewegt!

Museumsdorf Hösseringen
Landwirtschaftsmuseum Lüneburger Heide in Hösseringen

Weißt du, was Hammer und Amboss sind?

Klar, mit einem Hammer schlägt man einen Nagel in die Wand. Aber einen Amboss findest du nicht in der Werkzeugkiste zu Hause. Hammer und Amboss sind die Werkzeuge eines Schmieds.

In der Schmiede ist es sehr warm, denn es brennt immer ein Feuer. Heute haben die Schmiede meist eine Gasflamme.

Der Schmied hält mit einer Zange ein Stück Eisen in das Feuer, bis es rot glüht. Denn nur, wenn es sehr heiß ist, kann man es bearbeiten.

Das Eisen wird auf den Amboss gelegt. Das ist ein Tisch aus ganz festem Stahl. Und nun schlägt der Schmied mit dem Hammer auf das Eisenstück und formt so Haken, Bohrer, Äxte und die runden Hufeisen für die Pferdefüße. Das ist eine anstrengende Arbeit.

Im Museumsdorf Hösseringen kannst du in einer echten Schmiede ausprobieren, wie stark du bist, und selbst ein Stück Eisen schmieden.

Früher haben die Menschen viele Sachen selbst gemacht, zum Beispiel Werkzeuge aus Eisen. Und die Hufeisen für die Pferde werden noch heute vom Schmied hergestellt.

Im Museumsdorf gibt es auch ein richtiges altes Bauernhaus. Dort haben die Bauern mit den Kühen und Hühnern unter einem Dach gewohnt.

Kannst du dir vorstellen, dass die Kinder manchmal über dem Kuhstall geschlafen haben? Das hat bestimmt gestunken, aber dort war es immer schön warm. Damals gab es noch keine Heizungen und die Menschen nutzten die Körperwärme der Tiere, um nicht zu frieren.

Ja richtig, es ist eine Mausefalle. In dem Kästchen liegt ein Stück Brot oder Käse. Wenn die Maus auf das Kästchen tritt, fällt der Holzklotz runter und tötet die Maus. Vielleicht findest du das gemein, aber die Mäuse knabbern alles an.

In der Kammer der Großeltern gibt es einen großen Apparat aus Holz. Kannst du erraten, was das ist? Heutzutage ist das Gerät viel kleiner – oder die Katze macht die Arbeit.

Damals hatten die Menschen nicht so viele Geräte und Lebensmittel wie wir heute und mussten sehr auf ihre Sachen Acht geben. Frag doch mal in einem Drogeriemarkt, was es heute gibt, um Mäuse zu vertreiben.

Viele Bauern waren sehr arm. In manchen Familien gab es für Kinder am Esstisch keine Stühle und sie mussten bei den Mahlzeiten stehen.

Auch das Essen war ganz anders als heute. Zum Frühstück gab es Dickmilch mit Brot, mittags Kartoffeln und abends wieder Kartoffeln.

Die Kartoffel wird auch „das Gold der Heide" genannt. Vor 150 Jahren war sie das wichtigste Nahrungsmittel für die Bauern der Lüneburger Heide.

Die Kinder auf dem Land hatten auch nicht so viel Zeit zum Spielen wie die Kinder heute. Sie mussten auf dem Hof mitarbeiten, Kühe hüten oder bei der Ernte helfen.

Sie bastelten sich ihre Spielsachen oft selbst, z. B hatten die Mädchen Puppen aus Stroh. Die Jungen schnitzten mit ihren Taschenmessern Bogen, Pfeile und Flöten aus Holz.

Die Kinder spielten immer draußen. Auch du kannst im Museumsdorf prima im Freien toben, Heidelbeeren sammeln und auf Bäumen herumklettern.

Wenn du durch das Gelände streifst, entdeckst du viele riesengroße Steine. Die nennt man Findlinge. Sie kommen aus Skandinavien.

In Hösseringen erfährst du, wie die riesigen Steine ohne die Hilfe von Menschen in die Lüneburger Heide kamen.

Dieser Findling ist eine Milliarde Jahre alt und so schwer wie ein Auto.

Trotzdem kannst du ihn bewegen! Wie das funktioniert, siehst du bei einem Besuch im Museumsdorf Hösseringen.

Weitere Infos: Seite 150

64

Kunststätte Bossard
in Jesteburg

Mitten im Wald haben Johann Michael Bossard und seine Frau Jutta gelebt.

Doch was du in der Nähe von Jesteburg entdeckst, ist kein gewöhnliches Waldgrundstück. Die beiden waren Künstler und haben ihr Haus und ihren Garten selbst entworfen.

Johann Bossard hat die Wände im Wohnhaus bemalt, einen Kunsttempel gebaut und Skulpturen in den Garten gestellt, Figuren aus Bronze, Keramik, Zement und Naturstein. In dem Kunsttempel konnten sich Wanderer ausruhen und die bunten Bilder betrachten.

Johann Bossard schuf viele Bilder und Plastiken nach der nordischen Göttersage Edda. Besonders fasziniert war er vom einäugigen Götterkönig Odin. Johann Bossard hatte nämlich auch nur ein Auge.

Im Eddasaal steht eine Odinbüste aus Keramik. Der Figur fehlte ein Sockel. Da nahm Jutta Bossard einen selbst geschnitzten Brotkorb, drehte ihn auf den Kopf und stellte die Figur darauf. Die Kunstkritiker waren begeistert!

Johann und Jutta Bossard haben das Geschirr und die für sie in einer Tischlerei gefertigten Möbel selbst mit bunten Motiven bemalt.

Sie kauften Gemüse und Kräuter auch nicht im Supermarkt, sondern ernteten sie im eigenen Garten. Den Garten gibt es immer noch. Dort hinter dem Wohnhaus kannst du an vielen Kräutern riechen.

Kennst du Liebstöckel? Auch wenn du den Namen noch nie gehört hast, so kennst du bestimmt den Geruch und auch den Geschmack. Denn Liebstöckel wird auch Maggikraut genannt und macht Suppen noch leckerer.

Johann und Jutta Bossard waren ungewöhnliche Leute: Sie heirateten am Morgen in Buxtehude und fuhren danach ganz allein zurück zu ihrem Haus im Wald.

Ihre Freunde wollten die beiden mit einer Feier überraschen. Aber als sie bei den Bossards ankamen, stand das Paar trotz des Hochzeitstages schon wieder im Kittel an den Skulpturen und arbeitete.

„Ich würde so gerne Künstlerin werden. Hier in der Kunststätte Bossard lerne ich Arbeiten mit Ton, kann mit einer Staffelei draußen Bilder malen und sogar Theater spielen."

„Ich möchte lieber Schatzsucher werden, denn hier ist ein Schatz versteckt. Jutta und Johann Bossard haben auch davon gewusst, ihn aber nicht gefunden. Überall auf dem Gelände muss ich Rätsel lösen und Spuren verfolgen. Ich möchte den Schatz finden. Hilfst du mir?"

Aus Ytongsteinen kann man tolle Skulpturen machen.

Der Stein wird eigentlich zum Hausbauen verwendet und ist sehr weich. Deshalb muss man vorsichtig sein, wenn man ihn bearbeitet. Formen und Strukturen werden herausgefeilt oder geraspelt.

Das kannst du auch zu Hause probieren.

Weitere Infos: Seite 151

Freilichtmuseum am Kiekeberg
in Rosengarten-Ehestorf

„Kikeriki", krähte der Hahn schon am frühen Morgen und weckte die Bauernfamilie. Die Bauern standen jeden Tag sehr zeitig auf, denn es gab immer viel Arbeit.

Zuerst musste Wasser geholt werden, denn fließendes Wasser gab es nicht. Die Bauersfrau pumpte am Brunnen das Wasser in den Eimer und trug ihn zum Haus.

Ein voller Eimer wiegt etwa so viel wie fünf große Colaflaschen! Kannst du dir vorstellen, dass eine Bauersfrau am Tag 50 Eimer geschleppt hat?

Nur wenig Wasser wurde zum Waschen oder Kochen genommen. Das meiste bekam das Vieh.

Einige Tiere auf dem Bauernhof wurden für die Arbeit eingesetzt. Die Pferde waren keine Reitpferde: Sie wurden vor den Pflug gespannt oder mussten Wagen ziehen.

Die Bauern waren oft sehr arm und konnten sich keine Pferde leisten. Wenn sie auch keine Ochsen auf dem Hof hatten, zogen sie sogar selbst den schweren Pflug über das Feld.

Gänse und Hühner lieferten Eier, Federn und Fleisch. Katzen fingen Mäuse, Hunde passten auf den Hof auf und Schafe wurden wegen ihres Fleischs und ihrer Wolle gehalten.

69

Auf dem Hof gab es auch Schweine. Sie wurden gemästet und lieferten viel Fleisch und Fett. Aber die Bauern mussten das Fleisch verkaufen, um Geld zu verdienen, und ernährten sich hauptsächlich von Buchweizen.

Buchweizen wurde damals überall in der Heide angebaut, weil er hier gut und reichlich wächst.

Jeden Tag gab es Buchweizen: mit Wasser gekocht als Grütze oder als Pfannkuchen gebraten. Das schmeckt ein bisschen fade, macht aber satt. Zucker oder Speck gab es nur zu Hochzeiten und hohen Kirchenfesten wie Weihnachten oder Ostern.

Einmal im Monat war Backtag, dann wurde das Brot für die nächsten vier Wochen gebacken.

Am Abend vor dem Backtag wurde der Brotteig, ein Sauerteig, vorbereitet. Sauerteig ist eine spezielle Sorte von Teig. Er muss erst eine Nacht gären, bevor er gebacken wird. Dadurch hält sich das Brot sehr lange.

Frühmorgens wurde der Ofen angeheizt. Wenn er richtig heiß war, wurde die Glut herausgenommen, der Ofen sauber gefegt und das Brot hineingelegt. Das Brot backte also nicht im Feuer, sondern in der Hitze, die der Lehmofen gespeichert hatte.

Auf vielen Höfen gab es ein Backhaus, in dem der Backofen stand und das Brennholz lagerte. Manchmal wohnte in dem Haus eine Familie. Man nannte sie „Backhäuslinge".

Im Museum am Kiekeberg lernst du das Leben auf einem alten Bauernhof kennen und kannst alles ausprobieren, zum Beispiel Spinnen, Käsemachen, Dreschen oder Schmieden.

„Sieh mal, so haben die Bauern vor hundert Jahren gelebt."

Du kannst hier auch Holzketten und Strohpuppen basteln und auf dem Spielplatz spielen. Und im Museumsladen gibt es wie früher lose Bonbons zu kaufen.

Also, wenn du wissen willst, wie die Menschen ohne Fernseher, Auto und Supermarkt gelebt haben, dann komm hierher!

Weitere Infos: Seite 151

Deutsches Salzmuseum
in Lüneburg

Weißes Gold machte Lüneburg im Mittelalter zu einer reichen Stadt. Weißes Gold? Gold ist doch nicht weiß! Und eine Goldmine gab und gibt es doch gar nicht in Lüneburg. Rate mal, was mit „weißem Gold" gemeint ist.

Richtig! Das Salz. Weil Salz damals so kostbar und wertvoll war, wurde es „weißes Gold" genannt.

Über 1000 Jahre lang wurde dieses weiße Gold in Lüneburg hergestellt und in viele Länder der Erde verkauft. Sogar bis nach Afrika wurde Salz aus Lüneburg verschickt.

In solchen Salzsäcken, früher auch in Holzfässern, wurde das Salz transportiert und gelagert. Pack ruhig mal einen Sack an.

Ganz schön schwer, nicht?

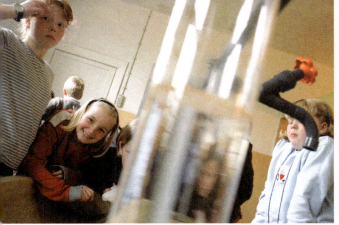

Und woher kam nun das viele Salz in Lüneburg? Aus den „Solequellen".

Das Wasser aus diesen Quellen enthält sehr viel gelöstes Salz. Das kannst du natürlich nicht sehen – aber schmecken!

Salz wurde früher nicht nur zum Würzen gebraucht. Lebensmittel konnten durch Salz haltbar gemacht werden. Das war besonders wichtig, denn einen Kühlschrank gab es noch nicht.

Kannst du dir vorstellen, was man tun muss, damit aus dem Solewasser Salz wird? Überleg mal!

Richtig! Man muss das Solewasser so lange kochen oder, besser gesagt, „sieden" lassen, bis alles Wasser verdampft ist. Übrig bleibt – das Salz!

Im Museum kannst du das Salzsieden selbst ausprobieren.

74

Weißt du, wie viel Salz insgesamt in allen Weltmeeren enthalten ist?

Es sind 40.000.000.000.000.000 Tonnen!

Das fertige Salz kannst du dir dann zum Beispiel auf dein Frühstücksei streuen.

Wenn du gerne mal zu Hause Salz sieden möchtest, dann pass gut auf. Hier erfährst du, wie es geht.

Nimm eine Pfanne oder einen Topf und fülle etwa ein halbes Glas Wasser hinein.

Gib zwei bis drei Teelöffel Salz in das Wasser und rühre um, bis es sich aufgelöst hat.

Stell die Pfanne oder den Topf auf eine Herdplatte und lass das Wasser so lange sieden, bis alles verdampft ist. Aber schön vorsichtig sein, damit nichts verbrennt!

Was bleibt zum Schluss übrig? Probier mal!

Die Arbeit in der Saline, so nennt man den Betrieb, in dem Salz hergestellt wird, war sehr schwer.

Was hat eigentlich die „Lüneburger Salzsau", die du auf deiner Salztütchen-Eintrittskarte siehst, mit dem Salz zu tun?

Sie soll der Legende nach Lüneburger Jägern vor mehr als tausend Jahren den Weg zu den Salzquellen gezeigt haben. Deshalb verehren die Lüneburger sie bis heute.

Die ganze Geschichte über die Salzsau gibt's im Museum.

Im Museum kannst du dir anschauen, wie die Sole aus den unterirdischen Quellen bis in die Siedehütten gelangte.

Und du erfährst, wie hart die Menschen damals arbeiten mussten, bis das wertvolle weiße Gold fertig war.

Weitere Infos: Seite 152

Naturmuseum Lüneburg
in Lüneburg

Weißt du, wie in der Steinzeit Korn gemahlen wurde? Oder wie und vor allem warum die Menschen damals ein Loch in einen Stein gebohrt haben?

Im Naturmuseum in Lüneburg erfährst du es. Außerdem kannst du hier vieles nach Herzenslust selbst ausprobieren.

Beim Wildpflanzenquiz bekommst du kleine Schilder mit den Bildern und den wichtigsten Merkmalen der Pflanzen, die du im Museumshof suchen und zuordnen sollst. Ab zehn richtig zugeordneten Pflanzen gibt es einen Preis.

Weißt du schon, wie diese Blumen heißen? Ordne die Namen richtig zu!

Zum Beispiel kannst du Bernstein untersuchen oder Schmutzwasser filtern. Wenn du im Museum nachfragst, kannst du auch messen, wie tief unter der Erde in Lüneburg Grundwasser zu finden ist.

Oder du kannst ein Pflanzenquiz im Museumshof lösen.

a) Sonnenblume
b) Rose
c) Gänseblümchen
d) Löwenzahn

An manchen Tagen kannst du im Museumshof auch auf Schatzsuche gehen.

Dabei darfst du, wie ein echter Wissenschaftler, aus der großen Sandkiste mit Schaufeln Schätze der Urzeit ausgraben.

Allerhand schöne Steine und auch Fossilien – das sind versteinerte Pflanzen und Tiere – kommen da ans Tageslicht.

Danach solltest du deine Fundstücke natürlich erst einmal waschen. Du wirst staunen, wie schön der eine oder andere Stein funkelt und glitzert.

Nach dem Waschen kannst du deine Fundstücke auch bestimmen. Du willst ja sicher wissen, was du da ausgegraben hast.

Durch Vergleichen mit Steinen in einem Schaukasten kannst du das schnell herausfinden. Zwei der ausgegrabenen Schätze darfst du sogar mit nach Hause nehmen!

Im Museum findest du auch viele ausgestopfte Tiere. Sie sehen fast lebendig aus.

Weißt du schon, wie das Tier mit dem schwarz und weiß gestreiften Kopf auf dem Foto heißt?

.shcaD nie tsi sE !githciR

Bei einem Rennen mit kleinen Korkschiffen wirst du leicht verstehen, was man unter Mäander und Stromstrich versteht. Probier es aus!

Im Museum gibt es auch ein Modell von einem kleinen Bach.

Du drückst einen Schalter und lässt die Quelle sprudeln und den Bach fließen. Dabei kannst du prima die Strömung beobachten.

Der wichtigste Bewohner des Museums darf natürlich nicht vergessen werden. In einem kleinen Aquarium lebt jetzt der Nachfolger des berühmten Ritters Astacus.

Du kennst Ritter Astacus nicht?

Weißt du, dass sich ein Flusskrebs mehrmals in seinem Leben häutet?

Den mutigen Flusskrebs, der im Sommer 2000 in Lüneburg schon leicht erschöpft über den Habichtsweg krabbelte, gerettet wurde und im Museum ein neues Zuhause fand?

Sogar im Fernsehen und in der Zeitung wurde über ihn berichtet.

Du musst unbedingt seinen Nachfolger besuchen, denn leider ist der echte Ritter Astacus inzwischen an einer schweren Krankheit, der Krebspest, gestorben.

Dabei zwängt er sich aus seinem zu klein gewordenen Panzer heraus. Zurück bleibt eine leere Hülle, die aber täuschend echt, wie ein lebendiger Krebs aussieht. Ein Körperteil häutet sich jedoch nicht. Weißt du, welches?

Richtig! Die Augen. Sie häuten sich nicht!

81

Hast du Lust, zu Hause ein bisschen zu experimentieren?

Nimm drei Blumentöpfe mit Löchern im Topfboden. Fülle in jeden Topf frische Gartenerde, Ackerboden oder Blumenerde.

Ordne die drei Töpfe mit etwas Abstand übereinander an. Am besten lässt du deine Freunde oder Eltern die Töpfe mit den Händen übereinander halten. Unter die drei Töpfe stellst du ein Glasgefäß.

Gieß nun richtig dunkles Schmutzwasser in den oberen Topf und beobachte, was aus den Töpfen unten im Glasgefäß ankommt.

Was kannst du feststellen, wenn du das Ergebnis mit dem Schmutzwasser, das du oben in den Topf gegossen hattest, vergleichst? Welche wichtige Eigenschaft des Bodens konntest du beobachten? Welche Bedeutung hat sie für unser Lebensmittel Nr. 1 – das Trinkwasser?

Der Boden ist ein erstaunlich guter Schmutzteilchenfilter und sorgt somit für sauberes Trinkwasser!

Diesen Versuch kannst du auch prima in deiner Klasse vorführen!

Weitere Infos: Seite 152

Ostpreußisches Landesmuseum
in Lüneburg

„Elche! Schau mal, Marie, hinter der Glasscheibe: ein großer Elch mit mächtigem Geweih und ein kleinerer, der gemütlich im Gebüsch sitzt. Das ist bestimmt die Elchkuh. Die lassen sich gar nicht von uns stören."

„Ist doch klar, die sind ja auch ausgestopft!"

„Ja, ich weiß. Aber sie sehen doch täuschend echt aus! Wie auch die anderen Tiere hier, die in Ostpreußen vorkommen. Einige sind in Landschaften ausgestellt, die für Ostpreußen typisch sind. Schau mal, da stehen ein großes Wisent und ein Wolf."

„Das Wisent sieht so ähnlich aus wie die Bisons aus Nordamerika. Die habe ich schon mal im Zoo gesehen."

83

Rate mal!

1. Wie viel Kilogramm kann ein ausgewachsener Elch wiegen?
a)   100 Kilogramm
b)   500 Kilogramm
c)   1000 Kilogramm

2. Wie viel Kilogramm frisst ein ausgewachsener Elch täglich?
a) bis zu 20 Kilogramm
b) bis zu 40 Kilogramm
c) bis zu 60 Kilogramm

3. Wie nennt man Bernstein mit eingeschlossenen Insekten und Pflanzenresten?
a) Instrusen
b) Inklusen
c) Inprusen

1 b, 2 b, 3 b

„Wo liegt eigentlich Ostpreußen?"

„Es liegt heute zum Teil in Polen, Russland und Litauen. Und alles, was in diesem Museum zu sehen ist, hat mit Ostpreußen zu tun."

„Zum Beispiel der Bernstein, den man am Strand der Ostsee findet. Mit der Lupe kannst du kleine Insekten und Pflanzenreste erkennen, die vor mehr als 40 Millionen Jahren darin eingeschlossen wurden."

„Toll! Kennst du den berühmten Astronomen Nikolaus Kopernikus? Der ist in in Preußen geboren und hat dort geforscht. Er hat schon vor 500 Jahren entdeckt, dass sich die Planeten um die Sonne bewegen."

„Weißt du, was Planeten sind? Planeten sind Himmelskörper, die einen Stern, wie unsere Sonne zum Beispiel, umkreisen. Einen Planeten kennst du sicher auch. Richtig! Unsere Erde. Fallen dir noch andere ein?"

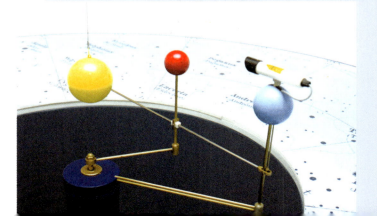

„Sieh mal, hier steht das Modell einer Ritterburg."

„Die ist aber groß!"

„Warst du schon mal in einer echten Ritterburg? In Deutschland gibt es mehrere gut erhaltene Burgen, die du dir bei einem Ausflug anschauen kannst."

„Schau, eine echte Ritterrüstung. Kannst du dir vorstellen, wie schwer so eine Rüstung ist?"

Bastele dir einen eigenen Schutzschild!

Zeichne die Form deines Schutzschildes auf einen großen Karton. Schneide sie mit der Schere aus und male ein Wappen vorne drauf.

Den Griff bastelst du mit einem schmalen, längeren Stück Karton. Knick den Kartonstreifen so wie auf der Zeichnung und klebe die beiden Enden hinten auf deinen Schutzschild.

Fertig!

Weitere Infos: Seite 152

Handwerkermuseum
in Sittensen

Ein Tisch hat vier Beine und eine Platte. Weißt du, wer Tische und Stühle baut?

Der Tischler. Er braucht keine Schrauben, sondern nur Holz und Werkzeuge: eine Säge, um die Bretter in die richtige Größe zu sägen, einen Hobel, um die Bretter glatt zu hobeln, und „Stecheisen" und Hammer, um die Teile wie bei einem Puzzle miteinander zu verbinden. Holzleim sorgt zusätzlich dafür, dass nichts wackelt.

Hast Du schon einmal selbst gehobelt?

Hier im Handwerkermuseum kannst du deinen eigenen Holzspan – das ist ein dünner Streifen Holz – hobeln und mitnehmen. Zunächst schreibst du deinen Namen auf ein Holzstück. Dann legst du den Hobel an und schiebst ihn kräftig über das Holz. Fertig ist dein Hobelspan!

Der Tischler hat früher auch Schränke für Lebensmittelläden gebaut, mit vielen Schubladen und Türen. Das Wichtigste aber war der Tresen. Der Verkäufer stand dahinter und verkaufte seine Waren. Auf dem Tresen standen große Glasgefäße. Manche waren mit losen Bonbons gefüllt, die einzeln verkauft wurden. Heute ist alles in Tüten und Kartons verpackt.

Was kann man eigentlich alles aus Holz herstellen?

Na, sieh dich doch mal um: zum Beispiel Tische, Stühle, Schränke, Leitern, Kisten, …

Kennst Du noch einen Laden, der Lebensmittel lose verkauft?

Der Kaufmann war bis zum 14. Jahrhundert Hausierer. Er ging von Haus zu Haus und bot seine Waren an. Der Begriff „Laden" entstand, als die Händler ihre Waren aus dem Fenster ihrer Wohnung heraus anboten. Waren die Fensterläden geöffnet, konnte man einkaufen.

In der Stadt gehörte der Händler zu den wichtigsten Leuten. Er bot Waren an, die wir heute in verschiedenen Geschäften kaufen können: Gewürze, Farben, Tabak und Seidenstoffe. Der Händler war auch oft in fremden Ländern unterwegs, um seine Waren einzukaufen.

Ab 1949 entstanden die ersten Selbstbedienungsläden. Heute hat ein Lebensmittelladen etwa 40.000 verschiedene Produkte im Angebot.

Hier kannst du Kaufmann oder Kauffrau spielen. In den Schubladen findest du Sachen, die heute nicht mehr verkauft werden. Zum Beispiel Topfbesen.

Weißt du, was das ist? Ein Topfbesen sieht aus wie ein kleiner Hexenbesen, nur ohne Stiel. Mit ihm wurden früher Töpfe geputzt.

Wie viele verschiedene Handwerker kennst du? Es gibt zum Beispiel Schneider, Bäcker, Schuhmacher und Polsterer.

Und den Frisör. Der hat früher nicht nur Haare geschnitten, sondern auch Männern den Bart gestutzt oder abrasiert.

Das Museum war früher eine Mühle, und der Bach, der direkt neben dem Museum fließt, hat das Mühlrad angetrieben. Das wiederum hat viele Räder in der Mühle bewegt.

Eine steile Holztreppe führt in die obere Etage.

„Hmm, das riecht ja lecker nach Korn und Mehl. Und sieh mal, in der Ecke liegen noch große Säcke aus Leinen."

„Was passiert denn hier?"

„Hier wird Mehl aus Korn gemahlen: mit zwei großen runden Steinrädern.

Das sind die Mühlsteine. An dem Stellrad kann der Müller einstellen, wie fein das Mehl gemahlen werden soll. Dazu muss er kräftig an dem Rad drehen, denn die Mühlsteine sind sehr schwer."

Im Museum kannst du „Frisör" spielen. Die Frisörstühle sind groß und bequem.

Die Kunst der Haarpflege war schon in alten Zeiten den Ägyptern, Chinesen, Griechen und Germanen bekannt. Es gab Haarschmückerinnen, die sich auf das Bleichen, das Flechten und In-Form-Legen der Haare verstanden.

Im 17. Jahrhundert entstanden aufwendige Haarmoden und mit diesen auch der Beruf des Perückenmachers.

Das Bild aus dem „Hausbuch der Mendelschen Zwölfbrüderstiftung" (aus dem Jahre 1425) zeigt einen Mönch, der als Tischler arbeitet. Male es mit bunten Farben aus!

Im Erdgeschoss des Museums siehst du Webstühle. Sie sind über 100 Jahre alt. Mit ihnen kann man heute noch weben. Else Klindworth hat es als 12-jähriges Mädchen gelernt. Sie zeigt dir, wie es geht.

Weitere Infos: Seite 154

Norddeutsches Spielzeugmuseum
in Soltau

Ein ganzes Haus voller Spielzeug. Das glaubst du nicht?

Dann komm nach Soltau ins Spielzeugmuseum! Auf drei Etagen findest du Puppen, Teddys, Eisenbahnen, Kaufmannsläden, Puppenstuben und noch viel mehr tolle Sachen.

Hier siehst du alles, womit deine Eltern, deine Großeltern und deren Eltern gespielt haben. Im Erdgeschoss ist ein Zirkus mit Tieren, Artisten und Wagen ausgestellt.

Ein Vater erfand die Schwimmpuppe Ondine für seinen Sohn, der Angst vorm Schwimmen hatte. Der Korkkörper der Puppe, in dem ein Uhrwerkmechanismus versteckt ist, hält sie über Wasser. Als der Junge sah, dass die Puppe nicht unterging und schnell das andere Ufer des Baches erreichte, planschte er hinterher, und damit war seine Angst besiegt.

Der erste Stock gehört den Puppen. Du begegnest Ondine, einer Schwimmpuppe, die im Wasser drei Meter weit schwimmen kann.

Kannst du dir vorstellen, wie groß die kleinste Puppe ist? 13 Millimeter, also noch kleiner als ein Ein-Cent-Stück. Und dieses kleine Püppchen kann sogar die Arme und Beine bewegen.

Die größte Puppe ist 1,30 Meter hoch. Neben der Riesenpuppe steht eine Messlatte, und du kannst vergleichen, ob du größer oder kleiner bist.

Im Museum darfst du viele Sachen ausprobieren. Die Dampfmaschinen startest du mit einem Knopfdruck, und dann drehen sich die Karussells.

Du musst unbedingt in die Spielzimmer gehen. Hier gibt es tolles Holzspielzeug, zum Beispiel einen Kaufmannsladen, wo du Obst und Gemüse verkaufen kannst.

Oder du spielst Schaffner und lässt die elektrische Eisenbahn fahren.

In den Ausstellungsräumen ist es ziemlich dunkel.

Nicht, weil das Museum Strom sparen will, sondern weil das Licht für die alten Spielsachen gefährlich ist.

Es verändert die Farbe der Puppenkleider, sie werden heller und leuchten nicht mehr schön. Und Papier wird spröde und kann dann leicht zerreißen.

Oder du spielst mit dem „Klangbaum".

Wenn du eine Kugel auf die Spitze legst, klackert sie bis zum Boden und macht tolle Geräusche.

Na ja, deine Eltern wären wohl etwas genervt, wenn sie dieses Klacken ständig hören müssten.

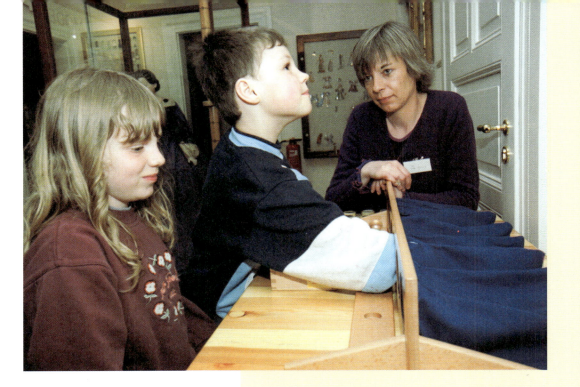

Im Museum kannst du das Fühlspiel spielen, und das geht so:

Du hast zehn Kugeln, die alle aus verschiedenen Materialien sind, zum Beispiel aus Glas, Holz und Marmor. Die Kugeln werden in kleine Säckchen gesteckt, und du musst nun erfühlen, ob du die Glaskugel oder die Filzkugel in der Hand hältst. Das klingt vielleicht ganz einfach, aber es ist ganz schön schwer.

Probier das doch mal zu Hause aus. Du brauchst ein paar kleine Stoffbeutel und kleine Sachen aus dem Haushalt oder der Natur: Wäscheklammern, Tannenzapfen, ein Zuckerstück oder eine Haarnadel.

Die steckst du in die Beutel und lässt deine Eltern und Freunde fühlen. Mal sehen, wer am schnellsten die Gegenstände nennen kann.

Weitere Infos: Seite 154

Schwedenspeicher-Museum
in Stade

Hast du schon einmal ein Blatt Papier auf eine Münze gelegt und die Zeichen und Zahlen mit einem Bleistift durchgerubbelt?

Das kannst du gleich einmal ausprobieren. Am besten geeignet ist ein weicher Bleistift. Hat es dir Spaß gemacht? Dann komm in das Schwedenspeicher-Museum.

Dort kannst du große Bilder abrubbeln. Sie sind vor über 10.000 Jahren von Steinzeitmenschen in die Felsen geritzt worden. Sie zeigen die Menschen, wie sie Rentiere jagen, in Fellbooten fahren oder auf einem Musikinstrument spielten.

Rubbel dir die Bilder ab, die dir am besten gefallen. Dazu nimmst du Wachsmalkreide und ein großes Stück Papier.

Im Schwedenspeicher gibt es einen großen Raum, der nur für Kinder eingerichtet ist. Hier darfst du alles anfassen, bewegen und ausprobieren!

Marie macht es einen Riesenspaß zu puzzeln. Sie freut sich immer, wenn sie nach langem Suchen ein passendes Puzzleteilchen gefunden hat. Am meisten freut sie sich aber, wenn ein Puzzle fertig ist und sie das ganze Bild sehen kann. Dann ist sie richtig stolz auf sich.

Genau das Gleiche machen die Menschen, die sich Archäologen nennen. Sie finden oft nur kleine Stücke in der Erde, zum Beispiel Scherben von alten Töpfen. Die müssen dann zusammengesetzt werden.

„Ar-chä-o-lo-gen. Das ist aber ein sehr schwieriges Wort. Was haben sie denn außer alten Töpfen noch gefunden?"

Schaffst du es auch? Du kannst es mit einem alten Blumentopf ausprobieren. Zerschlag ihn mit einem Hammer und versuche die Scherben wieder zusammenzusetzen. Dazu brauchst du nur etwas Klebeband und ein wenig Zeit.

In Norddeutschland fanden sie zum Beispiel Steine, die in einem Kreis lagen.

Die Archäologen untersuchten die Steine und überlegten sich, welche Bedeutung sie für die Steinzeitmenschen gehabt haben könnten.

Kannst du dir vorstellen, welche?

Wenn du es nicht weißt, lies einfach auf der nächsten Seite weiter.

96

Die ersten Menschen lebten in der Steinzeit. Wo es keine Höhlen gab, mussten sie sich eine Behausung bauen, in der sie schlafen konnten.

Die einfachste Behausung ist ein Zelt. Die Steinzeitmenschen errichteten zuerst ein Gerüst aus Holzstangen. Darauf haben sie zusammengenähte Felle von Rentieren gelegt. Damit das Zelt bei Wind nicht umfiel, wurden die Felle mit Steinen beschwert. Das sind die Steine, die die Archäologen gefunden haben.

Archäologen haben aber noch viel mehr gefunden, zum Beispiel kleine Steine, die so scharf sind, dass man damit sogar Leder schneiden kann. Weißt du, was das für Steine sind?

Ein Tipp: Im Fernsehen gab es mal eine Familie aus der Steinzeit, und einer von ihnen hieß Fred, nietsreueF :githcir!

Im Museum siehst du ein Zelt der Steinzeitmenschen, das die Archäologen nachgebaut haben.

Mit Feuerstein Feuer zu machen ist schwierig. Aber wenn du mit einer scharfen Feuersteinkante gegen eine Feile aus dem Werkzeugkasten schlägst, kannst du wenigstens Funken sprühen lassen.

Dazu solltest du aber eine Schutzbrille aufsetzen.

97

Woher kommt das Metall? Am Ende der Steinzeit fanden die Menschen einen Stein, in dem Metall enthalten war. Er heißt Erz und wird auch heute noch verwendet.

Um das Metall aus dem Stein zu gewinnen, wurde das Erz zermahlen und erhitzt, bis es flüssig war. Das flüssige Metall wurde in Formen gegossen und anschließend zu Werkzeugen und Waffen geschmiedet.

Bronze ist eine Mischung aus Kupfer und Zinn. Heute wird Kupfer vorwiegend für elektrische Leitungen, als Dachbelag, als Münzmetall, für Braukessel und zur Herstellung anderer Mischungen verwendet.

Zuerst fanden Menschen das Metall Kupfer. Aus Kupfer und Zinn stellten sie Bronze her. Später benutzten sie das Metall Eisen. Auch daraus wurden Waffen und Werkzeuge hergestellt.

Ein Bronzeschwert ist fast zwei Kilogramm schwer. Wer damit kämpfte, musste sehr stark sein. Allein das Halten des Schwertes ist anstrengend. Versuche es zu Hause mit einem vollen Paket Zucker oder Mehl. Halte es mit ausgestrecktem Arm, so lange du kannst. Ganz schön schwer!

Lass uns zusammen einen Bohrer aus der Steinzeit bauen:

Er ist leicht herzustellen. Gedreht wird er ähnlich wie ein Jo-Jo durch rasche Schnurwicklung. Als Werkzeug genügt ein Taschenmesser.

Dieses Material brauchst du:

Von einem Holunderstrauch schneidest du
- 1 Stöckchen, 40 cm, daumendick (Bohrstab)
- 1 Stöckchen, 30 cm, daumendick
- 2 Stöckchen, 20 cm, daumendick (Schwunghölzer)

Außerdem brauchst du eine Feuersteinspitze und Paketschnur oder Hanf (gibt es im Baumarkt oder beim Klempner).

Wenn du keine Feuersteinspitze hast, kannst du auch einen länglichen, spitzen Glassplitter benutzen.

Den Splitter bekommst du, wenn du eine leere Flasche in eine Plastiktüte steckst und mit einem Hammer draufschlägst. Such dir vorsichtig einen passenden Splitter aus. Dazu musst du alte Lederhandschuhe tragen, damit du dich nicht schneidest

1. Das längste Stöckchen wird der Bohrstab. An einem Ende des Stöckchens musst du das Holundermark herauskratzen und die Feuersteinspitze fest hineinstecken. Wenn der Stab sich spaltet, umwickelst du den Schaft ganz fest mit Paketschnur. Dann schneidest du 7 cm höher zwei gegenüberliegende Kerben in den Bohrstab.

2. Nun musst du die beiden kurzen Stöckchen, es sind die Schwunghölzer, nebeneinander legen und an einem Ende locker zusammenbinden. Dann spreizt du sie am anderen Ende etwas und schiebst sie über die Kerben des Bohrstabes.

Jetzt bindest du die beiden Schwunghölzer am anderen Ende zusammen. Sie sollen fest auf dem Bohrstab sitzen. Damit die Schwunghölzer ganz fest sind, solltest du den Kreuzungspunkt umwickeln. Lässt sich der Stab leicht drehen? Stell ihn hin und reibe ihn zwischen den Handflächen hin und her.

3. Um die Drehbewegung zu vereinfachen, benutzt du das mittlere Stöckchen als Pumpholz. An den Enden befestigst du ein 50 cm langes Band. Schneide eine kleine Kerbe in das obere Ende des Bohrstabes und lege das Band des Pumpholzes hinein. Wenn du jetzt den Bohrstab drehst (das Pumpholz festhalten), wickelt sich das Band um den oberen Teil des Bohrstabes.

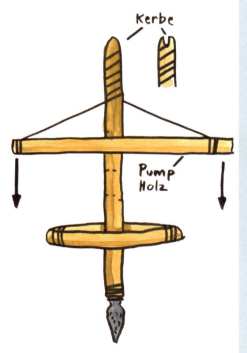

Nun lässt du den Bohrstab los und drückst das Pumpholz locker nach unten. Durch diese Gegenbewegung spult sich das Band vollständig ab, bis die Drehenergie der Schwunghölzer das Band anders herum wieder aufwickelt. Das Pumpholz ist wieder oben und kann den Bohrstab erneut in Bewegung setzen.

Weitere Infos: Seite 154

Deutsches Pferdemuseum
in Verden

Vor langer, langer Zeit sahen Pferde ganz anders aus. Du wirst staunen, wenn du dir das Urpferd anschaust. Es lebte im Urwald und war etwa so groß wie du. Bestimmt würdest du es gerne bei dir zu Hause haben!

Auch Max und Marie freuen sich über das kleine süße Pferd und streicheln es ziemlich lange!

Auf deiner Entdeckungsreise durch das Museum ist dir der Fragebogen bestimmt eine Hilfe. Denke daran, Stifte einzupacken! Den Fragebogen gibt's an der Museumskasse. Die gefundenen Buchstaben ergeben einen Satz. Viel Erfolg!

Angst, gereizt

Marie will von Max wissen, ob Pferde reden können. „Die schnauben, wiehern und wackeln vor allem mit den Ohren!", sagt Max.

An einem Modell verstellt Max die Ohren eines Pferdes. Marie fängt an zu raten, was das wohl in der Pferdesprache heißt.

Weißt du es?

freundlich, neugierig

Unglaublich ist die Geschichte vom sprechenden Hengst. Er lebte vor ungefähr hundert Jahren und hieß „der Kluge Hans". Der Kluge Hans konnte angeblich sogar lesen und rechnen.

Dass Pferde klug sind, wissen auch Max und Marie. Mit Spannung lesen sie die Geschichte vom Klugen Hans auf einem großen Plakat.

Der Kluge Hans buchstabierte Worte, indem er abwechselnd mit seinen Hufen auf den Boden stampfte.

Ein Tipp: Überall, wo du im Museum ein blaues Steckenpferd siehst, gibt es etwas Besonderes zu entdecken.

Die Buchstaben waren den Hufen zugeordnet und bestimmten sich zusätzlich aus der Anzahl der Huftritte. Ganz ähnlich kann man heute mit wenigen Tasten mit dem Handy Worte schreiben.

Warum benutzt der Mann einen anderen Sattel als die Frau? Die Antwort findest du, wenn du beide Sättel ausprobierst. Zügel in die Hand und rauf auf den Pferdesattel! Kannst du dein Gleichgewicht halten?

Stell dir vor, du müsstest ohne Sattel reiten, wie die Indianer, oder in einer schweren Ritterrüstung! Das wäre gar nicht einfach.

Kutschen waren vor der Erfindung des Autos wichtige Transportmittel.

Manche Kutschen schütteln ihre Insassen richtig durch, andere sind weich und gemütlich. Wie sich eine Fahrt in der Kutsche anfühlt, kannst du im Museum ausprobieren.

Im oberen Stockwerk findest du das Puppentheater, in dem Pferde eine wichtige Rolle spielen. Du darfst selbst Theater spielen. Denk dir eine Geschichte aus.

Wie die Menschen, so brauchen auch die Pferde einen Arzt. Einige seiner Instrumente sind hier ausgestellt.

Um den Körperbau eines Pferdes zu verstehen, werden seit Jahrhunderten Körpermodelle entwickelt. Hier siehst du vor allem die Muskeln und Sehnen eines Pferdekopfes.

Im Museum kannst du mit deinen Freunden und Freundinnen Geburtstag feiern. Als Ritter verkleidet, speist ihr an der Rittertafel, löst zusammen ein Quiz und behauptet euch in alten Ritterspielen. Wer Lust hat, bastelt, oder geht mit auf einen Abenteuerspaziergang durchs Museum.

Weitere Infos: Seite 155

Das Dickicht der Bäume bietet Max, Marie, Lupi und ihrem Pferd die Möglichkeit, sich zu verstecken. Findest du sie? Wenn du willst, kannst du das Bild auch noch bunt anmalen.

Domherrenhaus
Historisches Museum in Verden

Wie war das wohl vor vielen tausend Jahren, als die Menschen anfingen, Häuser zu bauen? Warum heißt die Wand eigentlich Wand? Wie groß waren die Steinzeitmenschen?

Hier, in den Räumen des Domherrenhauses, findest du die Antworten hinter Schubladen und Türen. Jeder darf sie aufmachen. Erschrick nicht, wenn hinter einer verborgenen Wandschranktür plötzlich echte Menschenknochen liegen.

Neben Schubladen und Schranktüren steht ein uralter Mahlstein, mit dem du selbst Getreide malen kannst. Werkzeuge, Töpfe oder ausgegrabene Waffen kannst du dir in den großen Glasvitrinen anschauen.

Im Urwaldraum kann man über Kopfhörer Geschichten hören, wie Steinzeitmenschen vor über 120.000 Jahren Elefanten gejagt haben. Die sind wirklich spannend!

Wenn du deinen Geburtstag mal ganz anders feiern willst, bist du hier genau richtig. Im Museum kannst du mit deinen Freunden einen Steinzeitgeburtstag feiern mit Höhlenmalerei, Tanzritual und Amuletten zum Selbermachen. Oder möchtest du lieber einen Mammutgeburtstag mit Maskenbau, Erlebnisspiel, Safari-Festtafel, Pantomime und Mammutdiplom feiern?.

Mit der Lanze, die du in der Vitrine siehst, wurde der Elefant erlegt.

Stell dich direkt neben den Elefanten und stell dir vor, du hältst die Lanze fest in der Hand.

Hörst du die schaurigen Waldgeräusche und den Herzschlag des Steinzeitjägers?

Damit du verstehst, wie lange es her ist, seit die Steinzeitmenschen gelebt haben, hat man im Museum für jedes Jahr eine Erbse genommen und in einen Glastrichter hineingetan.

Frag mal deine Eltern nach einem Paket Erbsen. Lege so viele Erbsen in ein Glas, wie du alt bist, und daneben in ein anderes Glas so viele, wie deine Großeltern alt sind. Um in die Zeit der Steinzeitmenschen zu kommen, bräuchtest du etwa 1.800 mal so viele Erbsen.

Das Museum hat noch mehr zu bieten: Ein Stockwerk höher wirst du kaum deinen Augen trauen. Da steht ein Glas mit einer eingelegten Schlange neben einem Totenkopf auf dem Schrank. Ein ausgestopftes Krokodil hängt direkt daneben.

„Nachtwächter gibt es auch heute noch. Sie bewachen zum Beispiel Fabriken oder Krankenhäuser."

Außerdem findest du ein Stadtmodell und siehst, was ein Nachtwächter außer seiner Laterne und einem Spieß früher zum Arbeiten brauchte: zwei Meter hohe Fackeln und echte Fuß- und Handfesseln aus Eisen. Die waren für Diebe und Halunken so richtig ungemütlich. Würden sie dir passen?

Weitere Infos: Seite 156

Deutsches Erdölmuseum Wietze
in Wietze

Bei ihrem Besuch im Erdölmuseum wurden Marie und Max heimlich von Paul, dem Maulwurf, beobachtet. Er lebt schon seit vielen Jahren dort. Auf dem großen Gelände gibt es für ihn immer Neues zu entdecken!

Tagsüber versteckt er sich in seinem Erdloch und schaut den Besuchern von weitem zu.

Max und Marie hatten viel Spaß! Willst du wissen, was sie alles gelernt und erlebt haben? Paul erzählt es dir!

Vor 150 Jahren begannen Menschen auf der ganzen Welt, nach Erdöl zu bohren.

Auch hier in Wietze. Das Ölfeld war 250 Hektar groß, so groß wie 300 Fußballfelder!

Erdöl ist eine dunkle, dicke Flüssigkeit, die tief in der Erde liegt. Es entstand aus Pflanzen und Tieren, die vor vielen Millionen Jahren gelebt haben, als unsere Gegend vom Meer überspült war.

Wenn Lebewesen des Meeres starben, sanken sie auf den Meeresboden und wurden von Schlamm bedeckt. Nach und nach legte sich immer mehr Schlamm auf den Boden. Er presste die toten Pflanzen und Tiere zusammen und verwandelte sie in Erdöl, das „schwarze Gold".

Steine sind sehr verschieden. Sandstein ist bröselig und weich, Granit ist fest und schwer.

Mitunter liegt das Erdöl tief unter dem Boden. Um es mit Pumpen an die Oberfläche zu befördern, müssen sich schwere Bohrer durch Schichten aus Sand und Gestein arbeiten.

Für die unterschiedlichen Arten von Steinen gibt es entsprechende Bohrmeißel.

Im Museum kannst du unterschiedliche Arten des Bohrens ausprobieren.

Hier findest du alte Maschinen! Andere sind aber auch nachgebaut. Marie und Max probieren viele der Maschinen aus.

Bei der Erdölförderung versickerte oft viel Öl im Sand. Um auch dieses Öl nutzen zu können, wurde in Wietze ein Stollen gebaut. Durch diesen unterirdischen, waagerechten Gang konnte der ölhaltige Sand abgebaut werden.

Der Sand wurde anschließend in einer Art Waschmaschine gewaschen, so dass das Öl sich herauslöste. Dann konnte es weiterverarbeitet werden.

Warst du schon einmal in einem Bergwerk? Hier kannst du den Blick in eine Grube wagen. Es ist sehr dunkel, deshalb fühlen wir Maulwürfe uns sehr wohl.

Am Anfang wurde das Erdöl mit Handpumpen gefördert. Ob das eine schwere Arbeit war? Probier es aus!

Elektrische Pumpenantriebe haben die Arbeit erleichtert. So eine Maschine konnte Öl aus 500 Metern Tiefe pumpen.

Das gewonnene Öl wird durch Rohre zu einer Fabrik, der Ölraffinerie, gepumpt und weiterverarbeitet.

Es ist sehr aufwändig und es kostet viel Geld, das „schwarze Gold" aus der Erde zu holen. Aber Erdöl wird für viele Dinge gebraucht.

Weißt du, was man mithilfe von Erdöl herstellt: Lineale oder Filzstifte aus Plastik zum Beispiel. Oder CDs, dein Badeanzug und natürlich Treibstoffe für Autos wie Benzin und Diesel.

Weißt du, wie Öl riecht? Wir Maulwürfe haben ganz feine Nasen und können Rohöl von Dieselkraftstoff unterscheiden. Und du? Im Erdölmuseum kannst du selbst mal riechen.

Es gibt auch noch andere Energiequellen als Öl. Weißt du welche?

Sonnenenergie, Windkraft, Wasserkraft, Gas ...

Weitere Infos: Seite 156

114

Museum im Marstall
in Winsen (Luhe)

Vor 300 Jahren gab es noch keine Fahrräder und Autos natürlich auch nicht. Viele Kinder konnten damals reiten. Aber die meisten Menschen sind von einem Ort zum anderen gelaufen. Oft tagelang. Auch die Kinder mussten manchmal ein, zwei Stunden zu ihrer Schule laufen.

Läufst du zu deiner Schule? Wie lange dauert das? Oder lässt du dich von deinen Eltern „kutschieren"? Früher, als es noch keine Autos gab, hatten nur die sehr reichen Leute eine Kutsche.

Hier im Schloss gibt es einen Marstall. Dort standen die Pferde und Kutschen der Bewohner des Winsener Schlosses. Pferde findest du heute nicht mehr im Marstall. Dafür erfährst du viele Geschichten über die Stadt Winsen.

Manchmal ist es ganz verhext im Museum. Dann kommt die Märchenhexe und erzählt den Kindern Märchen.

Winsen liegt im Norden von Deutschland. Hier sprechen viele Leute plattdeutsch. Und nicht nur die Einwohner von Winsen reden so, nein, auch der Kasper und seine Freunde sprechen plattdeutsch.

Im Marstall gibt es nämlich ein plattdeutsches Kasperletheater. Kannst du plattdeutsch sprechen? Oder vielleicht deine Großeltern? Es klingt wunderschön.

Bestimmt kennst du das Märchen vom gestiefelten Kater. Der arme Müllerssohn erbt nach dem Tod seines Vaters den Kater des Hofes. Der Kater ist sehr klug und macht seinen Herrn reich und zum Grafen, besiegt den bösen Zauberer und verhilft der Prinzessin zu einem hübschen Ehemann – der natürlich niemand anders ist als der frühere Müllerssohn. Und als der König stirbt, wird der Müllerssohn König und der gestiefelte Kater sein Minister. Auf Plattdeutsch heißt das Märchen „De Kater mit de roden Steebel."

Möchtest du mal hören, wie die plattdeutsche Sprache klingt? Dann versuche mal, deinen Freunden den Ausschnitt aus „De Kater mit de roden Steebel" vorzulesen:

Schreiber: „So, Kater, hier hest du nu de Schlötels för de Schatzkammer. Du hest uns dan miesen Zauberer Appeldwasch vu'n Hals schafft, un dorför schaß du nu uns Herr ween."

Kater: „Nee, nee – dat hört all mien Herrn, dan Grafen vun Carrabas. Hest Du mi verstahn?"

Schreiber: „Na klor doch, ick bün doch nich doof. Mi is't egal, keen mien Herr is, de Hauptsack is, wi sünd den Zauberer los!"

Hast du das verstanden? Wenn dir das Spaß gemacht hat, dann komm nach Winsen. Hier kannst du dir noch viel mehr plattdeutsche Geschichten anhören.

Schreiber: „So, Kater, hier hast du nun die Schlüssel für die Schatzkammer. Du hast uns den miesen Zauberer Apfelmus vom Hals geschafft, und dafür sollst du nun unser Herr werden."

Kater: „Nein, nein – das gehört alles meinem Herrn, dem Grafen von Carrabas. Hast du mich verstanden?"

Schreiber: „Na klar doch, ich bin doch nicht doof. Mir ist es egal, wer mein Herr ist, die Hauptsache ist, wir sind den Zauberer los."

117

Übringens: So eine Ralley kannst du auch selber organisieren. Das bringt Spaß auf jeden Geburtstag!

Neben Ausstellungen zur Geschichte der Stadt Winsen und zum Leben von Johann Peter Eckermann (das war ein berühmter Schriftsteller aus Winsen) werden im Museum im Marstall auch Fundstücke der Vor- und Frühgeschichte gezeigt. Die Faustkeile, Scherben und Schmuckstücke aus Winsen und Umgebung wurden seit dem 19. Jahrhundert zusammengetragen.

Jeden ersten Samstag im Monat findet eine Stadtrallye für Familien und Schulklassen statt.

Die Führung startet im Museum mit einem kurzen historischen Überblick. Während der Rallye gehst du immer neuen Rätseln und Hinweisen nach. An den Gebäuden und Plätzen erfährst du viel Wissenswertes zur Stadtgeschichte.

Weitere Infos: Seite 157

Infoteil

120

Ein Museumsführer für Kinder ?!

Die Idee zu einem Museumsführer für Kinder entstand aus der täglichen Arbeit der Niedersächsischen Sparkassenstiftung im Zusammenspiel mit dem Museumsverband für Niedersachsen und Bremen e.V. Wie sich zeigt, schenken noch nicht genügend Museen einer ihrer wichtigsten Zielgruppen ausreichend Aufmerksamkeit. Um die Überlebensfähigkeit von Museen zu sichern, sollte langfristig und nicht nur als Reaktion auf die PISA-Studie für eine Verbesserung gesorgt werden.

Dazu kann ein Museumsführer für Kinder beitragen, der nicht nur Eltern und ihre Kinder erreicht, sondern auch die Museen dazu animiert, sich dieser Zielgruppe verstärkt zu widmen. Gleichzeitig kann ein solcher Kindermuseumsführer den von Stiftung und Museumsverband bereits in der siebten Auflage herausgegebenen „Museumsführer Niedersachsen/Bremen" ergänzen, der die ganze Bandbreite der Museumslandschaft dokumentiert.

Doch ein solches Projekt lässt sich nicht allein verwirklichen: Als weiterer fachkompetenter Partner kam der Arbeitskreis Museumspädagogik-Nord e.V. unter Leitung von Hans-Georg Ehlers-Drecoll dazu.

Für Inhalt und Gestaltung sollte dem Thema gemäß mit jungen Menschen zusammengearbeitet werden, um ein frisches Produkt zu entwickeln. Gleichzeitig – so die Überlegung – sollte dies im Sinne einer Förderung auch die Chance für studentische Arbeit

Zu Auswahl der Museen, Aufbau der Bände und Partnern

unter realen Bedingungen bieten. So wurde die Fachhochschule Hannover, Fachbereich Design und Medien, für einen erstmals in dieser Form umgesetzten interdisziplinären Ansatz gewonnen.

Unter Leitung der verantwortlichen Professoren Rolf Nobel, Ursula Gröttrup und Walter Hellmann beteiligten sich fast 30 Studenten mit den Studienschwerpunkten Fotografie, Journalistik und Typografie am Kindermuseumsführer.

Als Verlagspartner trat der Isensee Verlag in Oldenburg dazu, der nicht nur im Museumsbereich einen guten Ruf genießt, sondern in Person von Geschäftsführer Florian Isensee das Projekt auch mit Begeisterung aufgriff.

Der NDR – in Niedersachsen bekannt für sein Engagement im Kulturbereich – , war nach Gesprächen mit Fernsehchefin Marlis Fertmann ebenfalls zu einer Zusammenarbeit bereit. So entstand eine inhaltlich begründete Medienpartnerschaft mit „Hallo Niedersachsen", die durch Angela Sonntag mit Leben erfüllt wird: In der Sendung wird nicht nur das Projekt vorgestellt, sondern auch ergänzend über viele der aufgenommenen Museen berichtet.

Aus den Gesprächen mit den Partnern erwuchs in der Folge das Konzept für die konkrete Umsetzung des Projekts. Der Kindermuseumsführer sollte nur diejenigen Museen in Niedersachsen und Bremen vorstellen, die für Kinder – entweder auf Grund ihres museumspädagogischen Programms und/oder auf

Grund ihrer Objekte – besonders spannend sind. Alle Museen in Niedersachsen und Bremen wurden angeschrieben und um eine Bewerbung gebeten. Von mehr als 600 Museen beteiligten sich ca. 160 an dieser Ausschreibung.

Eine Fachjury aus Mitgliedern des Arbeitskreises Museumspädagogik-Nord, des Museumsverbandes und der Niedersächsischen Sparkassenstiftung entschied auf Basis der ausgefüllten Fragebögen und der mitgesandten Unterlagen darüber, welche Museen in den Hauptteil des Führers aufgenommen und auf welche in der Rubrik „Tipp" hingewiesen werden sollte.

Entscheidungskriterien dafür waren etwa Zielgruppenorientierung, Erlebnischarakter, inhaltlicher Wert, Verständlichkeit, Anschaulichkeit, Originalität und sinnlich-haptische Vermittlungsfähigkeit der Ausstellungen, die Familienfreundlichkeit, das Angebot an Medien, kontinuierliche Öffnungszeiten oder das Vorhandensein einer regelmäßigen museumspädagogischen Betreuung.

Aufgenommen wurden unter diesen Gesichtspunkten auch einige Einrichtungen, wie z.B. das Universum in Bremen, die im eigentlichen Sinne keine Museen sind. Im Mittelpunkt der Museumsarbeit stehen originale Objekte. Grundaufgaben von Museen sind das Sammeln, Bewahren, Forschen und Vermitteln. Die ersten beiden Aufgaben werden von Häusern wie dem Universum, dem MachMitMuseum in Aurich oder einigen naturkundlichen

Einrichtungen aus ihrer Konzeption heraus nicht wahrgenommen. Sie sind aber speziell für Kinder und Jugendliche angelegt und können deshalb in einem Kindermuseumsführer nicht fehlen.

Abenteuer mit Marie und Max. Museumsführer für Kinder – Niedersachsen und Bremen erscheint in 4 Bänden, aufgeteilt nach den Regierungsbezirken Braunschweig, Hannover, Lüneburg-Bremen und Weser-Ems.

Er wurde als Lese- und Spielbuch für Kinder zwischen 6 und 12 Jahren angelegt. Daher hat er fast A4-Format und eine Spiralbindung, damit Kinder ihn ganz weit aufklappen und damit „arbeiten" können, freundliche Farben, kindgerechte Fotos, Texte, die Geschichten erzählen und die liebenswerten Zeichnungen mit Marie, Max und Lupi von Jan Paschetag. Das Layout hat Jörg Becker entwickelt. Nina Janssen und Jan Paschetag haben bei der Umsetzung mitgewirkt. Lektorin war Angelika Kutschbach.

Die Texte haben Kerstin Baesecke, Andrea Fiedler, Verena Heindl, Matthias Hinrichsen, Nils Jung, Tobias Staudte, Claudia Stück, Peter Tiaden, Lena Ullrich, Alice Vehlgut, Marie-Christin Wolff und Daniela Zell geschrieben.

Die Fotos stammen von Kristina Ahrens, Christian Burkert, Robert Gommlich, Tatjana Hallbaum, Antje Krispin, Stefan Kröger, Michael Löwa, Uwe Martin, Andreas Meichsner, Daniel Pilar, Kai Remmers, Frank Schinski, Dorota Sliwonik und Julia Zimmermann.

Als Ergänzung zum Lese- und Spielteil für Kinder enthält ein getrennter Informationsteil für die Eltern

1. die bereits erwähnten Tipps, also die Museen, die auf Grund der Kriterien nicht in den Hauptteil für Kinder aufgenommen wurden, aber trotzdem einen Ausflug wert sind (Seite 127 – 139).

2. Karten zum besseren Auffinden der Museen (Seite 140/141).

3. Daten und Fakten (Adresse, Preise, Serviceeinrichtungen, Öffnungszeiten, Schwerpunkte der Museen, Aktionen für Kinder, Schulprogramme und Ansprechpartner) zu allen im Führer enthaltenen Museen alphabetisch nach Orten sortiert (Seite 143 – 157).
   Ganz wichtig: In fast allen Museen muss man sich zu den beschriebenen museumspädagogischen Aktionen anmelden. Daher bitte stets in den Infoteil hineinschauen, damit es vor Ort nicht zu Enttäuschungen kommt.

4. ein ausführliches Orts-, Museums- und Sachregister, das jeweils alle Museen der vier Bände enthält, so dass man auch kindgerechte Museen aus anderen Regierungsbezirken auffinden kann. Die im aktuellen Band enthaltenen Museen sind vorangestellt (Seite 159 – 166).

5. einen Überblick über die Beteiligten (Seite 167 – 172).

Der Informationsteil von **Abenteuer mit Marie und Max. Museumsführer für Kinder – Niedersachsen und Bremen** ist mit entsprechenden Suchfunktionen als Service auch im Internet unter **www. kindermuseumsfuehrer. de** zu finden.

Allen bereits genannten Beteiligten sei - wie den bei der Niedersächsischen Sparkassenstiftung für Redaktion, Koordination und Öffentlichkeitsarbeit Verantwortlichen Dr. Julia Cloot, Martina Fragge, Stefan Lütkemüller und Jörg Zimmermann sowie Nicole Hasse-Brünglinghaus und Sabine Mazza – nochmals ganz herzlich für ihr großes Engagement gedankt. Das Projekt hat bei aller Komplexität in diesem Kreis viel Vergnügen bereitet!

Wir hoffen, dass Sie und besonders Ihre Kinder, Enkel, Neffen und Nichten Freude an den Abenteuern von Marie und Max haben und sich davon zu vielen Museumsbesuchen inspirieren lassen.

Dr. Sabine Schormann
Niedersächsische Sparkassenstiftung

Hans Lochmann
Museumsverband Niedersachsen und Bremen e.V.

Tipps
Weitere Museen im Überblick

Etwa sechzig Kilometer nordöstlich von Hannover, in der Lüneburger Heide, erinnern Gräber und Mahnmale an das Leiden und Sterben von 50.000 KZ-Häftlingen und 20.000 Kriegsgefangenen in Bergen-Belsen zwischen 1940 und 1945. Ein Dokumentationszentrum informiert über die Geschichte der Opfer und des Lagers, das zu einem Symbol für die Gräuel des nationalsozialistischen Regimes wurde. Zu den Häftlingen, die sich im Dezember 1944 im Lager Bergen-Belsen befanden, gehörte auch die 15-jährige Anne Frank, deren Tagebuch später weltberühmt wurde. Die Evakuierung von zehntausenden Häftlingen aus frontnahen Konzentrationslagern in das völlig überfüllte KZ Bergen-Belsen ab Januar 1945 löste ein Massensterben aus. Am 15. April 1945 wurden die verbliebenen Insassen von britischen Truppen befreit.

Die Programme der Gedenkstätte sind für Kinder ab 12 Jahren geeignet. Der knapp halbstündige Dokumentarfilm „Bergen-Belsen zum Beispiel" wird täglich in deutscher, englischer und französischer Fassung gezeigt. Auf Wunsch stehen auch andere Dokumentarfilme zur Verfügung, die sich an ein junges Publikum wenden, zum Beispiel über Anne Frank. Die Gedenkstätte bietet Führungen sowohl für Einzelbesucher als auch für Besuchergruppen an. Um Anmeldung (vier Wochen vorher) wird gebeten. Informationsmaterial (etwa zur Vorbereitung auf die dreistündige Gruppenführung) wird zugesandt. Der pädagogische Besucherdienst veranstaltet Projekttage mit verschiedenen Themenschwerpunkten und Jugendworkcamps.

Bergen-Belsen
Gedenkstätte Bergen-Belsen
Weitere Infos Seite 143

Bremen
Gerhard Marcks-Haus
Weitere Infos Seite 144

Das Gerhard Marcks-Haus ist ein Bildhauer-Museum. Bildhauer sind Künstler, die Figuren, Köpfe, aber auch ganz abstrakte Formen zum Beispiel aus Holz, Stein, Gips, Ton, Bronze gestalten. Diese Formen nennt man Plastiken und sie haben wie alle künstlerischen Darstellungen eine eigene Sprache. Wer diese Sprache verstehen will, muss versuchen, die Wirkung der Figuren zu spüren. Was empfindest du, wenn du eine Figur betrachtest? Freude, Kraft, Anspannung, Verzweiflung, Trauer, Ratlosigkeit oder Angst. Ein Rallyebogen hilft dir, den Ausdruck der Plastiken zu deuten. Auch besteht die Möglichkeit, im Atelier selbst eine Figur aus Ton herzustellen. In Kursen oder Ferienprogrammen kannst du selbst versuchen, deiner Figur einen Ausdruck zu geben und sie auf diese Weise zum Sprechen zu bringen.

Bremen
Paula Modersohn-Becker
Museum, Kunstsammlungen
Böttcherstraße Bremen
Weitere Infos Seite 145

Im Paula Modersohn-Becker Museum werden die Werke der 1876 geborenen Malerin gezeigt. Das Museum wurde zu Ehren der Künstlerin errichtet und 1927 eröffnet.
Paula Modersohn-Becker nannte sich selbst eine „Menschenmalerin". Besonders hatten es ihr die Bauernkinder in Worpswede, wo die Malerin lebte und arbeitete, angetan. So entstanden zahlreiche Bildnisse von Kindern mit ernsten, nachdenklichen oder verträumten Gesichtern. Ausgelassen spielende Kinder finden sich selten, denn das Leben der Bauern in Worpswede war hart. Paula Modersohn-Becker interessierte vor allem die Versunkenheit der Kinderseele in ihrer ganz eigenen Welt. Die Bilder geben Anregungen, die heutige Lebenswelt der Kinder und Jugendlichen zu beleuchten.

Was bestimmt ihren Alltag und ihr Gefühlsleben?
Können die Bilder ihnen heute noch etwas mitteilen,
sprechen sie an oder stoßen sie sogar eher ab?
Im vielseitigen museumspädagogischen Programm
werden diese Themen altersgemäß an Kinder ver-
mittelt. Zum Beispiel wird eine imaginäre Reise in
die Vergangenheit angeboten, bei der die Kinder in
den Alltag Worpswedes um die Jahrhundertwende
eintauchen können.

Buxtehude gibt es wirklich und auch Hase und Igel
kann man sich leibhaftig ansehen - im Buxtehude
Museum am Stavenort. Dort finden sich die beiden
Tierfiguren in allen Farben und Gestalten, auf
Plakaten und Postkarten, auf Vasen und Kacheln,
aus Porzellan und Plastik, aus Stoff und Papier. Es
gibt sogar ein „Has' und Igel-Kino", in dem der
berühmte Wettlauf noch einmal im Film gezeigt
wird. Und wer glaubt, dann schon alles über Hase
und Igel zu wissen, kann seine Kenntnisse am
„Igel-i-mat" unter Beweis stellen. Dort wird über-
prüft, ob man zu den gezeigten Wettlaufszenen
auch den passenden Text finden kann. Mancher hat
dann immer noch nicht genug von den beiden
Läufern. Der kann sich im Nebenraum mit Buntstiften
noch ein paar Hasen und Igel dazumalen und an die
Wand pinnen.
Buxtehude ist aber keineswegs eine verschlafene
Märchenstadt, sondern ein modernes Einkaufs- und
Dienstleistungszentrum. Wie es dazu kam, wird in
der Ausstellung „Buxtehude in der Moderne" gezeigt.
Dort gibt es auch eine Modelleisenbahnanlage des
Buxtehuder Bahnhofs mit 10 verschiedenen Zügen,
die man auf Knopfdruck fahren lassen kann.

Buxtehude
Buxtehude · Museum für
Regionalgeschichte und Kunst
Weitere Infos Seite 147

Cuxhaven

Museum der 50er Jahre

Weitere Infos Seite 148

Omas und Opas erzählen natürlich gern von früher, als sie jung waren. Um sich aber richtig vorstellen zu können, wie es damals gewesen ist, muss man sich Bilder oder Filme ansehen oder – besser noch – man besucht das Museum der 50er Jahre in Cuxhaven, natürlich mit den Großeltern. Dann braucht man auch keine Texte zu lesen, sondern alles wird einem von den Spezialisten erklärt, nämlich den eigenen Opas und Omas. Wie das damals war mit dem Einkaufen, wie es zu Hause oder in der Schule aussah, wie man sich benehmen musste, welche Weihnachtsgeschenke man basteln konnte usw. Du wirst staunen über den Kaufmannsladen, den Schreibwarenladen, das Wohnzimmer und die Geschichten, die deinen Großeltern dazu einfallen. Ihr solltet darüber reden, ob du damals auch gerne Kind gewesen wärst oder ob deine Großeltern ihre Kindheit lieber heute verbracht hätten. Mit Großeltern kann man sich gut unterhalten.

Cuxhaven

Wrackmuseum Cuxhaven

Weitere Infos Seite 148

Alle reden von der Titanic. Aber wusstest du, dass die Mündung der Elbe einer der größten Schiffsfriedhöfe der Welt ist? 1500 – 2000 Schiffe sind in den letzten 2-3 Jahrhunderten gestrandet oder gesunken. Ihre Reste liegen verstreut und vom Sand bedeckt auf dem Meeresboden. Manches aber ist gerettet und geborgen worden. Teile dieser unglücklichen Schiffe, ihrer Ladung, verschiedene Navigationsinstrumente, persönliche Dinge der Seeleute und vieles mehr findest du im Wrackmuseum Cuxhaven. Es ist ein seltsames Gefühl, sich vorzustellen, wie die Auswanderer, die voller Erwartung auf der „Cimbria" nach Amerika aufgebrochen waren, durch einen Zusammenstoß alles verloren haben, die meisten auch ihr Leben.

Die Geschichte der „Cimbria" und vieler anderer
Schiffe wird im Wrackmuseum erzählt. In einem Film
erfährst Du auch viel über die Möglichkeiten, Wracks
zu finden und zu bergen.

Dorum liegt an der Wesermündung, geschützt durch
mächtige Deiche. Auf diesen Deichen solltest du ein
bisschen herumgehen, bevor du das Deichmuseum
besuchst. Schau dir die gewaltige Wasserfläche an
und stell dir vor, dass das Meer, das dort so friedlich
in der Sonne blinkt, im Sturm aufgewühlt gegen die
Deiche schlägt. Vielleicht fällt es dir dann leichter zu
verstehen, dass die Menschen an der Küste immer
Angst um ihren Besitz und ihr Leben haben mussten.
Im Deichmuseum wird dazu ein Film von der Flut-
katastrophe 1962 gezeigt. Natürlich war der Bau der
Deiche eine gewaltige Plackerei. Das kannst du an
den einfachen Arbeitsgeräten sehen, die früher für
den Deichbau benutzt wurden, aber es ging schließ-
lich auch um alles. Im Museum wird vieles am Modell
erklärt, wie die Deiche früher und heute aussahen,
wie ein Sturmflutsperrwerk funktioniert, wie Flut
und Ebbe sich abwechseln. Es gibt dort übrigens
auch einen interessanten Museumsführer für Kinder,
in dem alles erklärt wird oder eine Kinderrallye, mit
der du dein Wissen über Deichbau und Küstenschutz
testen kannst.

Dorum
Niedersächsisches
Deichmuseum Dorum
Weitere Infos Seite 149

Harsefeld
Museum Harsefeld
Weitere Infos Seite 149

Bis 1647, also vor über 350 Jahren, stand in Harsefeld ein Benediktinerkloster. Im 18. Jahrhundert wurde auf den Fundamenten des Klosters eine neues Gebäude errichtet, das unter anderem als Gerichtshaus diente. Seit 1986 befindet sich darin ein Museum. Du kannst dir dort viele Gegenstände ansehen, die man gefunden hat, als zwischen 1981 und 1984 das Klostergelände ausgegraben wurde, auf dem man heute herumspazieren kann. Außerdem gibt das Museum Auskunft über das Mittelalter, als die Harsefelder-Stader Grafen hier lebten. Ihre Burg, von der heute nur noch Spuren erzählen, erbauten sie im Jahr 969. Das Museum veranstaltet regelmäßig Sonderausstellungen, die teilweise in Zusammenarbeit mit Schulen bestückt werden. Für Schulklassen gibt es kostenlose Führungen und für jedes Kind eine „Kleine Heimatkunde". In den Ferien werden spezielle Aktionen angeboten. Sehenswert ist auch die Museumsscheune Reith.

Harsefeld
Museumszug Stader Geest
Weitere Infos Seite 149

Er sieht schon sehr eigentümlich aus, der WUMAG, der sich in den Sommermonaten auf der Stader Geest bewegt. WUMAG ist kein Ungeheuer, sondern ein Triebwagen, der mit seinen Waggons früher in gemächlichem Tempo Fahrgäste und Güter von Harsefeld nach Buxtehude und zurück transportiert hat. Heute fährt der WUMAG nur noch an jedem 2. Sonntag in den Sommermonaten und um den 6. Dezember herum. Dann steigt auch der Nikolaus mit seinem Sack zu und verteilt Geschenke. Übrigens – die Eisenbahnfreunde besitzen auf ihrem Betriebsgelände in Harsefeld auch eine Draisine, ein Fahrzeug, das durch Muskelkraft auf den Schienen bewegt wird. Wer sich wirklich stark fühlt, sollte mal eine Fahrt auf der Draisine mitmachen. Einfach vorher anrufen.

Früher war das Handwerks-Museum einmal ein Pferdestall. Deshalb ist es nicht verwunderlich, dass die gezeigten Handwerke viel mit Pferd und Wagen zu tun haben. Schmiede, Stellmacher, Sattler und Böttcher werden hier mit ihren Werkzeugen und Produkten vorgestellt. Das ist natürlich am eindrucksvollsten, wenn viermal im Jahr die Handwerkertage stattfinden, wo die alten Handwerksmeister ihre Kunst zeigen. Für Gruppen und Schulklassen hat das Handwerksmuseum aber auch spezielle Angebote: In verschiedenen Aktionen kannst du lernen, zu drechseln, zu schmieden oder mit Leder zu arbeiten. Bei der Gelegenheit erfährst du dann noch eine Menge über das Fuhrwesen und die Lebens- und Arbeitsbedingungen der Handwerker und Fuhrknechte vor 200 Jahren.

Horneburg

Handwerksmuseum
Horneburg
Weitere Infos Seite 150

„Insel" ist gar keine Insel, sondern ein kleiner Ort in der Lüneburger Heide. Dort steht ein altes Schulhaus. Innen drin befindet sich ein Klassenraum und in dem sieht es aus wie zu Opas Zeiten. Enge Schulbänke, eine uralte Rechenmaschine, Bilder und Karten, ausgestopfte Tiere. Zum Glück sind die Museumsleute dort nicht so angestaubt, sondern können dir oder deiner Klasse lebendig und anschaulich erklären, wie der Unterricht damals abgelaufen ist. Vielleicht hast du auch Lust auf ein Schulfrühstück wie zu Opas Zeiten (ab 10 Personen). Überhaupt ist es eine gute Idee, dir diese Ausstellung mit deinen Großeltern anzusehen. Du wirst dich wundern, was denen alles zu ihrer Schulzeit einfällt. Das solltest du dir anhören und dir dann überlegen, ob die Schule heute denn wirklich so schlimm ist.

Insel

Pult- und Federkiel-Museum
Insel
Weitere Infos Seite 151

133

Langlingen

Dorfmuseum Langlingen

Weitere Infos Seite 151

Heimatstuben und Dorfmuseen gibt es auf dem Lande überall, aber nur in wenigen Museen wird das Landleben früher so ausgiebig gezeigt wie im Dorfmuseum Langlingen. Der ganze Alltag der Dorfbewohner vor 100 Jahren ist ausgestellt, die Arbeitsgeräte der Bauern und Handwerker, ihre Stuben und Schlafzimmer, sogar ihre Kleidung und das Spielzeug der Kinder. So richtig lebendig wird das Ganze an den Aktionstagen. Dann schnauft die Dampflokomobile, klappern und rattern die Dreschflegel und man kann der Weberin, dem Stellmacher oder dem Schuhmacher bei seiner Arbeit zusehen. Das Beste an diesen Aktionstagen aber sind die vielen kleinen Dampfmaschinen, die alle unter Dampf stehen und dann viele Werkzeugmaschinen, Generatoren oder auch Karusselle antreiben. Wann die nächsten Aktionstage sind, erfährt du am Telefon oder im Internet.

Nordholz

Deutsches Luftschiff- und Marinefliegermuseum

Weitere Infos Seite 153

Aeronauticum – das bedeutet Luftschiffahrt. Ein Luftschiff kann so groß sein wie ein Ozeanriese, aber es ist natürlich viel leichter. So leicht, dass es in der Luft „fahren" kann. Das Luftschiff nennt man auch „Zeppelin". Woher der Name kommt, erfährst du in der riesigen Ausstellungshalle des Aeronauticums. Dort kannst du dir die berühmtesten Luftschiffe im Modell und zum Beispiel den Nachbau einer Luftschiff-Gondel in Originalgröße ansehen. Du erfährst, wohin die Luftschiffe geflogen sind und – sehr wichtig – warum sie überhaupt fliegen. Lass dir am Empfang einen Rallyebogen geben. Dann bist du sicher ganz schnell Luftschiff-Profi. Zeppeline wurden übrigens auch im Krieg eingesetzt. Im Ersten Weltkrieg – vor ungefähr 80 Jahren – überwachten sie die Nordsee.

Diese Überwachung übernehmen heute die Marine-
flugzeuge auf dem Flugplatz Nordholz neben dem
Aeronauticum. Ausgemusterte Original-Marine-
flugzeuge und -Hubschrauber kannst du dir auf dem
Freigelände des Museums ansehen.

Osterholz-Scharmbeck liegt am Rande des Teufels-
moores. In der Museumsanlage kannst du erfahren,
wie vor vielen hundert Jahren dieses riesige, unzu-
gängliche Moorgebiet vermessen und langsam ent-
wässert wurde, so dass die Moorbauern dort Felder
anlegen und Torf stechen konnten. Torf war früher
ein wichtiger Brennstoff. Er wurde auf großen und
kleinen Kähnen auf der Hamme bis nach Bremen
transportiert. Das 300 Jahre alte Bauernhaus auf
dem Gelände enthält eine Reihe von Arbeitsgeräten,
Haushaltsgegenständen, einfachen Möbeln und
schlichten Zimmereinrichtungen, die es zu der Zeit
gab. Du kannst daran erkennen, wie armselig und
anstrengend der Alltag der Moorbauern gewesen ist.

Wenn du mit Freunden, einer Gruppe oder deiner
Klasse in das Museum kommst, kannst du das alles
auch praktisch erleben. Zum Beispiel wenn du ver-
suchst, selbst Butter herzustellen. Einfacher ist es da
schon, Pfannkuchen oder Waffeln aus Buchweizen
am offenen Feuer zu backen. Zu bestimmten
Aktionen wird auch der historische Backofen angeheizt. Dann gibt es Schwarzbrot oder einen unglaublich leckeren Butterkuchen. Wann es wieder soweit
ist, erfährst du am Telefon.

Osterholz-Scharmbeck
Museumsanlage Osterholz-
Scharmbeck
Weitere Infos Seite 153

Osterholz-Scharmbeck

Norddeutsches Vogelmuseum

Weitere Infos Seite 153

Täuschend echt sind die Naturlandschaften im Norddeutschen Vogelmuseum gestaltet und die Vögel, die dem Besucher direkt vor der Nase herumspazieren, wirken verblüffend lebendig. Hier lernst du Vögel kennen, die du in freier Natur nie entdecken würdest, weil sie so selten oder scheu sind. Manche von ihnen haben faszinierende Fähigkeiten. Wusstest du, dass der Wanderfalke schneller sein kann als Michael Schumacher in seinem Ferrari, bis zu 320 km/h? Im Norddeutschen Vogelmuseum kannst du die Vögel nicht nur in ihrer natürlichen Umgebung betrachten, sondern auch ihren Stimmen lauschen. Lass dich doch einfach mal von der Türkentaube beleidigen: „Du Lump du, du Lump du!" Im Vogelmuseum finden viele Aktionen statt, wie zum Beispiel der Bau eines Nistkastens oder das Basteln einer Futterglocke. Erkundige dich einfach vorher im Museum.

Suhlendorf

Handwerksmuseum am Mühlenberg

Weitere Infos Seite 136

Suhlendorf liegt für die allermeisten nicht gerade um die Ecke – knapp 20 Kilometer östlich von Uelzen, aber der Weg dorthin lohnt sich. Vor allem am Wochenende, denn dann gibt es im Handwerksmuseum frisches Brot und Kuchen aus dem Steinbackofen. Mitunter kann man dann auch den Handwerkern bei ihrer Arbeit über die Schulter schauen, dem Schuhmacher, dem Sattler, dem Stellmacher, dem Polsterer und natürlich dem Müller. Auf dem Gelände steht eine große Bockwindmühle, wo du das Getreidemahlen in alter Zeit lernen und ausprobieren kannst. Am besten, du rufst vorher im Museum an und fragst, wann solche Vorführungen oder Mitmachaktionen stattfinden, denn im Handwerksmuseum kann man auch vieles selbst ausprobieren, z.B. am Stromgenerator selbst Strom erzeugen, Modelle in Gang setzen, eine Rallye machen. Am schönsten ist es natürlich beim alljährlichen Mühlenfest oder beim Handwerkermarkt.

Der Naturschutzpark Lüneburger Heide ist ein wunderschönes Gebiet zum Wandern und Reiten in einer einzigartigen Landschaft. Wer genauer wissen will, wie diese Landschaft entstanden ist und welche Tiere dort zu finden sind, der wird im Naturinformationshaus in Undeloh fündig. Neben vielen Schaukästen und Infotafeln gibt es eine Vogelstimmen-Station, eine Ecke zum Malen und einen Kasten, in dem man verschiedene Gegenstände aus der Natur ertasten kann. Mit den aufgebauten Mikroskopen lassen sich auch kleinste Lebewesen entdecken. Besonders spannend aber ist der Fuchsbau, ein Tunnel, in den man hineinkriechen kann. Und dann gibt es für die Wissensdurstigen natürlich noch Quiz- und Rallyebögen. Wer sich gründlich im Naturinformationshaus umgesehen hat, wird sich wundern, wie viel mehr er auf einmal in der Heidelandschaft draußen entdeckt.

Undeloh

Naturinformationshaus

in Undeloh

Weitere Infos Seite 155

Wingst

Waldmuseum Wingst

Weitere Infos Seite 156

Wie Pflanzen und Tiere im Wald miteinander und voneinander leben, das kann man sich im Waldmuseum Wingst ansehen, dort, wo das höchste „Gebirge" im Elbe-Weser-Dreieck zu bestaunen ist (bis zu 69 Meter über dem Meeresspiegel). Fotos, Modelle, präparierte Tiere, Schaukästen und Infotafeln erklären die Zusammenhänge im großen Ökosystem Wald auf anschauliche Weise. Natürlich kann man sich alles auch von den netten Mitarbeitern des Hauses erklären lassen, aber vielleicht ist es spannender, sich selbst mit den Rallye- und Quizbögen über den Wald und seine Bewohner schlau zu machen. So gibt es neben einer Rallye in und um das Waldmuseum ein Baumartenquiz, in dem man mit abgesägten Stammscheiben Alter und Art der betreffenden Bäume herausbekommen kann. Auch ein Tastkasten zur Bestimmung von Zapfen und ein Vogelartenquiz auf einem Computerterminal stehen zur Verfügung. Leider ist das Waldmuseum nur auf Anfrage geöffnet. Ein Anruf vorab ist also nötig.

Wremen

Museum für Wattenfischerei

Weitere Infos Seite 157

Der Deich erstreckt sich wie ein grünes Band entlang der Küste von Bremerhaven bis Cuxhaven. Vor dem Deich liegt bei Ebbe über Kilometer das Watt der Wesermündung, hinter dem Deich scharen sich um eine Wurtenkirche die alten Fischer- und Bauernhäuser des Nordseebades Wremen. In einem dieser Häuser ist das Museum für Wattenfischerei untergebracht. Es stellt die Lebens- und Arbeitsbedingungen der Wremer Wattenfischer vor, die auch heute noch jeden Tag bei Hochwasser auslaufen und 10 Stunden später mit ihrem Fang zurückkehren. Dort im Museum kannst du erfahren, wie Fische und vor allem Krabben gefangen und verarbeitet wurden.

Neben vielen originalen Netzen, Geräten und Werkzeugen findest du sehr anschauliche Bilder, Schaukästen und Schiffsmodelle.

Weißt du, wie eine Krabbenpuhlmaschine aussieht? In Wremen kannst du sie dir ansehen. An bestimmten Aktionstagen darfst du sogar selber puhlen und Krabbenrezepte ausprobieren. Und wenn gerade kein Aktionstag ist, dann kaufst du dir einfach im Hafen ein Pfund ungepuhlte Krabben und probierst es zu Hause aus. Guten Appetit.

Wolltest du nicht immer schon mal zur Feuerwehr? An jedem Sonntag hast du die Gelegenheit dazu. Denn dann ist das Feuerwehrmuseum in Zeven mit seinen Löschfahrzeugen und Drehleiterwagen geöffnet. Dort kannst du erfahren, wie vor 50 oder 100 Jahren Brände bekämpft wurden. An einer alten Handdruckspritze kannst du selbst ausprobieren, wie mühsam es damals gewesen sein muss, ein großes Feuer zu löschen. Im Feuerwehrmuseum Zeven geht es aber nicht nur um Brandbekämpfung, sondern auch um das Verhindern von Bränden. Was hat man früher getan, um sich vor Feuer zu schützen und was kann man heute tun? Hier kannst du lernen, wie du ein Feuer über Notruf richtig meldest, wie du dich bei einer Explosion im Haus verhältst oder wie du hilfst, einen Waldbrand zu vermeiden. Und dann solltest du dir natürlich noch die wirklich schöne Sammlung von altem und neuem Feuerwehrspielzeug ansehen.

Zeven
Feuerwehrmuseum Zeven
Weitere Infos Seite 157

Zur Orientierung

Die gelb markierten Museen finden sich im Führer auf den Seiten 3 bis 118, die blau markierten Tipps sind auf den Seiten 127 bis 139 beschrieben.

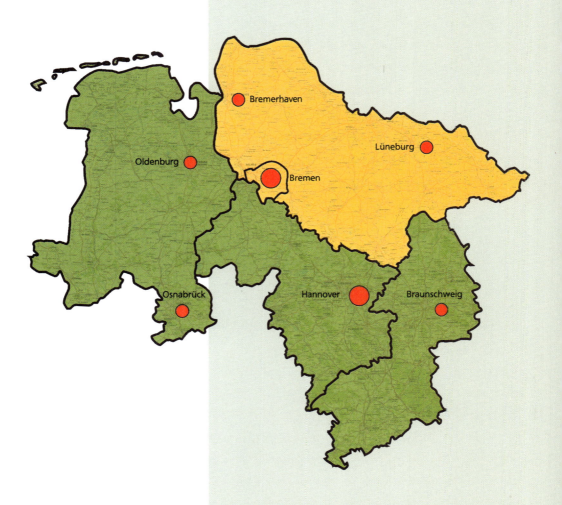

1 Aeronauticum – Deutsches Luftschiff- und Marinefliegermuseum, Nordholz
2 Archäologisches Zentrum Hitzacker
3 Bomann-Museum Celle
4 Buxtehude · Museum für Regionalgeschichte und Kunst
5 Deutsches Erdölmuseum Wietze
6 Deutsches Pferdemuseum, Verden (Aller)
7 Deutsches Salzmuseum, Lüneburg
8 Deutsches Schiffahrtsmuseum, Bremerhaven
9 Domherrenhaus – Historisches Museum Verden
10 Dorfmuseum Langlingen
11 Elbschloss Bleckede

12 Feuerwehrmuseum Zeven
13 Focke-Museum – Bremer Landesmuseum für Kunst und Kulturgeschichte
14 Freilichtmuseum am Kiekeberg
15 Gedenkstätte Bergen-Belsen
16 Gerhard Marcks-Haus, Bremen
17 Handwerkermuseum Sittensen
18 Handwerksmuseum am Mühlenberg, Suhlendorf
19 Handwerksmuseum Horneburg
20 Historisches Museum Bremerhaven / Morgenstern-Museum
21 Kunsthalle Bremen
22 Kunststätte Bossard, Jesteburg
23 Museum der 50er Jahre, Cuxhaven
24 Museum Harsefeld
25 Museum für Wattenfischerei, Wremen
26 Museum im Marstall, Winsen (Luhe)
27 Museumsanlage Osterholz
28 Museumsdorf Hösseringen – Landwirtschaftsmuseum Lüneburger Heide
29 Museumszug Stader Geest, Harsefeld
30 Natureum Niederelbe – Natur- und Freilichtmuseum, Balje
31 Naturinformationshaus in Undeloh
32 Naturmuseum Lüneburg
33 Niedersächsisches Deichmuseum Dorum
34 Norddeutsches Spielzeugmuseum, Soltau
35 Norddeutsches Vogelmuseum, Osterholz-Scharmbeck
36 Ostpreußisches Landesmuseum, Lüneburg
37 Paula Modersohn-Becker Museum – Kunstsammlungen Böttcherstraße Bremen
38 Pult- und Federkielmuseum Insel
39 Schulgeschichtliche Sammlung Bremen
40 Schwedenspeicher-Museum, Stade
41 Übersee-Museum, Bremen
42 Universum Science Center Bremen
43 Walderlebniszentrum Ehrhorn
44 Waldmuseum Wingst
45 Wrackmuseum Cuxhaven

141

Zu den Museen

Die gelb markierten Museen finden sich im Führer auf den Seiten 3 bis 118,
die blau markierten Tipps sind auf den Seiten 127 bis 139 beschrieben.

Bitte unbedingt beachten: Zu den meisten im Museumsführer beschriebenen Aktionen
muss man sich vorher anmelden.

Natureum Niederelbe – Natur- und Freilichtmuseum (Seite 3)

Neuenhof 8, 21730 Balje **Telefon** (0 47 53) 84 21 – 31 (Info) – 10 (Service) **Fax** (0 47 53) 81 93
E-Mail marketing.natureum-niederelbe@t-online.de **Internet** www.natureum-niederelbe.de
Service größtenteils mit Kinderwagen begehbar, Spielplatz, Wickeltisch, Garderobe, Café, Shop, Parkplatz
Preise Erwachsene 3 €, ermäßigt u. Kinder 6-16 Jahre 2 €, Kinder bis 5 Jahre frei, Familienkarte 8 €,
Gruppenführung 30 € u. Kombikarten **Öffnungszeite**n Apr – Sep Di – So 10 – 18 h, Okt – Mär
Di – So 10 – 17 h

Schwerpunkte:	Landschaft und Lebensräume an der Niederelbe und im Elbe-Weser-Dreieck
Aktionen für Kinder:	Sonderaktionen am Wochenende, 8 interaktive Stationen, Kindergeburtstage, kindergeeignete Medienstationen
Angebote für Schulen:	(auch für Gruppen): Naturerlebnistag, Steinzeit-Aktion, Bernstein-„schleifen", weitere Angebote
Ansprechpartner:	Stefan Schlie (0 47 53) 84 21 12

Gedenkstätte Bergen-Belsen (Seite 127)

29303 Lohheide **Telefon** (0 50 51) 60 11 u. 4 75 90 **Fax** (0 50 51) 73 96 **E-Mail** bergenbelsen@t-online.de
Internet www.bergen-belsen.de **Service** Behindertengerecht, Parkplatz **Preise** Eintritt frei
Öffnungszeiten tägl. 9-18 h

Schwerpunkte:	Gedenkstätte, ehemaliges Konzentrationslager, Dokumentationszentrum
Angebote für Schulen:	Kostenlose Führungen nach Anmeldung
Ansprechpartner:	Dr. Thomas Rahe Anmeldung: Heidemarie Gropp, Hedi Sax

Elbschloss Bleckede (Seite 9)

Schlosstraße 10, 21354 Bleckede **Telefon** (0 58 52) 9 51 40 **Fax** (0 58 52) 95 14 99
E-Mail info@elbschloss-bleckede.de **Internet** www.elbschloss-bleckede.de **Service** Café, Shop, Aufzug
Preise Erwachsene 4 €, ermäßigt 2 €, Schüler / Kinder ab 6 Jahre 1,50 €, Kinder unter 6 Jahre frei,
Familienkarte 8 €, Gruppen ab 15 Pers. 2,50 € / Pers., freitags halber Eintrittspreis **Öffnungszeiten**
Apr – Okt Di – So 10 – 18 h, Nov – Mär Mi – So 10 – 17 h

Schwerpunkte:	Naturräume der Elbtalaue mit Schwerpunkt Vogelwelt
Aktionen für Kinder:	Aktionsbereiche in der Ausstellung, Umweltwerkstatt
Angebote für Schulen:	Aktionsbereiche in der Ausstellung, Umweltwerkstatt
Ansprechpartner:	Andrea Schmidt

Focke-Museum - Bremer Landesmuseum für Kunst und Kulturgeschichte (Seite 13)

Schwachhauser Heerstraße 240, 28213 Bremen **Telefon** (04 21) 3 61 35 75 **Fax** (04 21) 3 61 39 03
E-Mail post@focke-museum.bremen.de **Internet** www.bremen.de/info/focke **Service** Shop, Restaurant,
Behindertengerecht **Preise** Dauerausstellung Erwachsene 3,50 €, ermäßigt 1,50 €, Familien 5,50 €, öffentli-
che Führung Erwachsene 5,50 €, ermäßigt 2,50 €, Sonderausstellungen Erwachsene 4,50 €, ermäßigt 2,50 €,
Familien 8,50 € **Öffnungszeiten** Di 10 – 21 h, Mi – So 10 – 17 h, Schulklassen nach Vereinbarung ab 9 h

Schwerpunkte:	Kunst- und Kulturgeschichte
Aktionen für Kinder:	Verschiedene Angebote, Aktionen und Programme
Angebote für Schulen:	Verschiedene Angebote
Ansprechpartner:	Dr. Regina Bruss

Gerhard Marcks-Haus (Seite 128)

Am Wall 208, 28195 Bremen **Telefon** (04 21) 32 72 00 **Fax** (04 21) 3 37 86 75 **E-Mail** info@marcks.de
Internet www.marcks.de **Service** Shop **Preise** Erwachsene 3,50 €, Kinder bis 12 Jahre frei, Schüler 2,50 €,
Gruppen ab 15 Pers. 2,50 € / Pers. **Öffnungszeiten** Di – So 10 – 18 h

Schwerpunkte:	Bildhauerei des 20. Jahrhunderts und der Zeitgenossen; das Haus sammelt, bewahrt, erforscht und zeigt das Werk seines Stifters in einer repräsentativen Sammlung aus Plastik, Handzeichnungen und Graphik
Aktionen für Kinder:	Kinderführungen, Museumsrallye, Modellieren in Wachs und Ton, zeichnen und bauen
Angebote für Schulen:	Nach Absprache mit den Lehrern
Ansprechpartner:	Arie Hartog und Karin Gestering

Kunsthalle Bremen (Seite 15)

Am Wall 207, 28195 Bremen **Telefon** (04 21) 3 29 08 -33 /-0 **Fax** (04 21) 3 29 08 47
E-Mail museumspaedagogik@kunsthalle-bremen.de **Internet** www.kunsthalle-bremen.de
Service Führungen für Gehörlose, Behindertenzugang, Garderobe, Café, Shop **Preise** Erwachsene 5 €,
ermäßigt 2,50 €, Kinder 6 – 12 Jahre 2 €, Kinder bis 6 Jahre frei, Familienkarte 8 €, Gruppen ab 20 Pers.
3,50 € / Pers., Schulklassen 1 € / Pers., Schulführungen 45 €, Sonderführungen 70 € **Öffnungszeiten**
Di 10 – 21 h, Mi – So 10 – 17 h, öffentliche Führungen So 11.30, h Di 18 h

Schwerpunkte:	Kunstmuseum
Aktionen für Kinder:	Kinderführungen, museumspädagogische Sonderaktionen, offene Werkstatt, Kindergeburtstage, Familiensamstage u. -sonntage
Angebote für Schulen:	Werkstattraum, museumspädagogischer Arbeitsraum, Parknutzung
Ansprechpartner:	Christine Campbell

Paula Modersohn-Becker Museum – Kunstsammlungen Böttcherstraße Bremen (Seite 128)

Böttcherstraße 6 – 10, 28195 Bremen **Telefon** (04 21) 3 36 50 66 **Fax** (04 21) 3 39 82 95
E-Mail info@pmbm.de **Internet** www.pmbm.de **Service** Parkplatz, Shop, Garderobe **Preise** Erwachsene
6 €, ermäßigt 3 €, Kinder bis 7 Jahre frei, Gruppen ab 10 Pers. 3 € / Pers., Schulklassen 1,50 € / Pers.,
Schulklassenführung 45 € **Öffnungszeiten** Di – So 11 – 18 h, Schulklassen auch nach Vereinbarung

Schwerpunkte:	Paula Modersohn-Becker, Bernhard Hoetger, spät mittelalterliche Kunst
Aktionen für Kinder:	Kindergeburtstage, museumspädagogische Programme, Angebote zu den Sonderausstellungen
Angebote für Schulen:	Museumspädagogische Führungen mit Praxisanteil, Raum bis 20 Pers.
Ansprechpartner:	Museumspädagogik: Esther Brandau (04 21) 3 36 50 77

Schulgeschichtliche Sammmlung Bremen (Seite 21)

Auf der Hohwisch 61 – 63, 28207 Bremen **Telefon** (04 21) 3 61 - 30 30 **Fax** (04 21) 3 61 - 5 92 64 **E-Mail** unitsch@schulmuseum.bremen.de **Internet** www.bremen.de/besucher **Service** Garderobe, Shop, Parkplatz, Spielplatz, Gruppenverköstigung möglich, Behindertenzugang kann nach Absprache ermöglicht werden **Preise** Erwachsene 2 €, ermäßigt u. Kinder 6 – 12 Jahre 1,30 €, Kinder bis 5 Jahre frei, Familienkarte 5 €, Schulklassen Eintritt zzgl. 2 – 4 € **Öffnungszeiten** Di – Fr 11 – 16 h, So 14 – 18 h, Feiertage u. z.T. i.d. Schulferien geschlossen

Schwerpunkte:	Bremer Schulgeschichte seit Mitte des 19. Jh.
Aktionen für Kinder:	Begleitprogramme zu Sonderausstellungen, musische und praktische Angebote, historische Spiele, Kindergeburtstage
Angebote für Schulen:	Zeitreisen im historischen Klassenzimmer, musische und praktische Angebote, historische Frühstück n.V.
Ansprechpartner:	Dr. Ulla Nitsch, Detlev Bührmann

Übersee-Museum (Seite 27)

Bahnhofsplatz 13, 28195 Bremen **Telefon** (04 21) 16 03 81 04 **Fax** (04 21) 1 60 38 99 **E-Mail** presse@uebersee-museum.de **Internet** www.uebersee-museum.de **Service** Aufzug, Garderobe, Restaurant, Shop, Bibliothek nach Anmeldung (04 21) 16 03 81 80 **Preise** Erwachsene 5 €, ermäßigt 4 €, Schüler 2,50 €, Kinder bis 6 Jahre frei, Familienkarte 10,50 €, Schülergruppen nach Anmeldung 1,80 € **Öffnungszeiten** Di – Mi u. Fr – So 10 – 18 h, Do 10 – 21 h

Schwerpunkte:	Natur-, Völker-, und Handelskunde
Aktionen für Kinder:	Spiele, Kindergeburtstage, Museumsfeste, Programmheft der Museumspädagogik alle 3 Monate
Angebote für Schulen:	Aktionsraum
Ansprechpartner:	Museumspädagogischer Dienst: Frau Bolduan / Frau Menge (04 21) 1 60 38 17 -2, -3 Anmeldung: (04 21) 16 03 81 71, E-Mail: uem16@uni-bremen.de

Universum Science Center Bremen (Seite 33)

Wiener Straße 2, 28359 Bremen **Telefon** (04 21) 3 34 63 33 **Fax** (04 21) 3 34 61 09 **E-Mail** vertrieb@universum-sc.de **Internet** www.usc-bremen.de **Service** Shop, Café, Behindertengerecht **Preise** Erwachsene 10 €, Kinder 6 €, Familien 26 €, Gruppen ab 15 Pers. 8 € / Pers. **Öffnungszeiten** Mo – Fr 9 – 18 h, Mi 9 – 21 h, Sa – So 10 – 19 h

Schwerpunkte:	Interaktives Musem: Erde Mensch und Kosmos
Aktionen für Kinder:	Nach Anmeldung: „Kindergeburtstagspaket" ohne Betreuung
Angebote für Schulen:	Nach Anmeldung: Einführung für Schulklassen
Ansprechpartner:	Bernd Becker

Deutsches Schiffahrtsmuseum (Seite 37)

Hans-Scharoun-Platz 1, 27568 Bremerhaven **Telefon** (04 71) 48 20 70 **Fax** (04 71) 4 82 07 55
E-Mail stoelting@dsm.de **Internet** www.dsm.de **Service** Wickelraum, Behindertenzugang, Café, Shop,
Parkplatz **Preise** Erwachsene 4 €, ermäßigt u. Kinder 6 – 17 Jahre 2,50 €, Kinder bis 6 Jahre frei,
Familienkarte 11 €, Schulklassen 1,50 €/Person **Öffnungszeiten** 1.4. – 31.10 tägl. 10 – 18 h, 1.11. – 31.3.
Di – So 10 – 18 h, 24. – 25. u. 31. 12. geschlossen

Schwerpunkte:	Deutsche Schifffahrtsgeschichte von der Urzeit bis heute
Aktionen für Kinder:	Medienstationen, Kindergeburtstage, Spiele, Bücher und weitere Angebote nach Rücksprache
Angebote für Schulen:	Führungen
Ansprechpartner:	Dr. Siegfried Stölting

Historisches Museum Bremerhaven / Morgenstern-Museum (Seite 41)

An der Geeste, 27570 Bremerhaven **Telefon** (04 71) 30 81 60 **Fax** (04 71) 5 90 27 00
E-Mail info@historisches-museum-bremerhaven.de **Internet** www.historisches-museum-bremerhaven.de
Service Wickelraum, Behindertenzugang, Garderobe, Café, Shop **Preise** Erwachsene 2,50 €, ermäßigt u.
Kinder von 6 bis 12 Jahren 1,70 €, Kinder bis 5 Jahre frei, Familienkarte 6,10 € **Öffnungszeiten** Di – So u.
Feiertage 10 – 18 h

Schwerpunkte:	Stadt- und Landesgeschichte, Hochseefischerei, Schiffbau, Auswanderung, Hafengeschichte
Aktionen für Kinder:	Kindergeburtstage, Kindertheater, Aktionstage, Sommer- und Ferienprojekte, Medienstationen
Angebote für Schulen:	Raum für Schulprojekte, Führungen für Schulklassen n.V.
Ansprechpartner:	Dr. Burkhard Hergesell

Buxtehude · Museum für Regionalgeschichte und Kunst (Seite 129)

Stavenort 2, 21614 Buxtehude **Telefon** (0 41 61) 40 21 u. 50 12 41 **Fax** (0 41 61) 50 12 98
E-Mail fachgruppe22@stadt.buxtehude.de **Internet** www.stadt.buxtehude.de **Service** Aufzug,
Behindertengerecht, Garderobe, Gastronomie in unmittelbarer Nähe, Katalogverkauf **Preise** Erwachsene
1 €, ermäßigt 0,50 €, Familienkarte 1,50 € **Öffnungszeiten** Di – Fr 14 – 17 h, Sa – So 11 – 17 h

Schwerpunkte:	Regionalgeschichte und Kunst
Aktionen für Kinder:	Rallyes, Malaktionen, Luftballon-Weitflugwettbewerb, Führungen für Kindergartengruppen n.V.
Angebote für Schulen:	Sonderführungen für Schulklassen, Gesprächsangebote für Lehrer, Ausstellungsmöglichkeiten für Kunst-Leistungskurse nach Absprache
Ansprechpartner:	Bernd Utermöhlen, Karina Schneider, Susanne Mayerhofer

Bomann-Museum Celle (Seite 47)

Schloßplatz 7, 29221 Celle **Telefon** (0 51 41) 1 23 72 **Fax** (0 51 41) 1 25 35
E-Mail bomann-museum@celle.de **Internet** www.bomann-museum.de **Service** Spielecke,
Behindertenzugang, Shop, Bistro, Garderobe, Wickelraum **Preise** Erwachsene 2,50 €, Familienkarte 5 €,
Gruppen ab 15 Pers.: Erwachsene 1,50 €, Kinder 1 €, Schüler aus Stadt und Kreis Celle frei
Öffnungszeiten Di – So 10 – 17 h

Schwerpunkte:	Volkskunde, Landes- und Stadtgeschichte
Aktionen für Kinder:	Verschiedene Veranstaltungen und Programme (Geburtstage, Ferienkurse, Lesungen, Kindernachmittag, etc.), z.T. nach Anmeldung
Angebote für Schulen:	Führungen, Workshops, Schülerarbeitsbögen, Aktionstage
Ansprechpartner:	Juliane Schmieglitz-Otten

Museum der 50er Jahre (Seite 130)

Neufelder Straße 12, 27472 Cuxhaven **Telefon** (04 71) 8 33 05 **E-Mail** KvFL@gmx.de **Service**
Behindertengerechter Zugang, Parkplatz, Café auf Anfrage **Preise** Erwachsene 2,60 €, ermäßigt 1,50 €,
Kinder frei **Öffnungszeiten** Mi, Fr, Sa 15 – 18 h, So 10 – 18 h

Schwerpunkte:	Die bundesdeutschen Wirtschaftswunderjahre, arbeiten, wohnen und Freizeit damals
Aktionen für Kinder:	Rallye, Spielesammlung
Angebote für Schulen:	Schulführungen auf Anfrage
Ansprechpartner:	Kerstin v. Freytag Löringhoff (04 71) 8 33 05, Anke Andreesen (0 47 23) 31 45, Ursula Werner (0 47 22) 22 14

Wrackmuseum Cuxhaven (Seite 130)

Dorfstraße 80, 27476 Cuxhaven-Stickenbüttel **Telefon** (0 47 21) 2 33 41 **Fax** (0 47 21) 69 08 76
Service Behindertenzugang im Erdgeschoss **Preise** Erwachsene 2,50 €, Kinder 1,50 €, Gruppenermäßigung
Öffnungszeiten Mitte/Ende Mär – Anfang Nov Di – Fr 9 – 13 h u. 15 – 18 h, Sa – So u. Feiertage 10 – 13 h u.
15 – 18 h

Schwerpunkte:	Wrackteile, Ausrüstungsgegenstände von versunkenen Schiffen
Angebote für Schulen:	Spezielle Führungen
Ansprechpartner:	Peter Baltes

Niedersächsisches Deichmuseum Dorum (Seite 131)

Poststraße 16, 27632 Dorum **Telefon** (0 47 42) 10 20 **Fax** (0 47 42) 4 74 **Preise** Erwachsene 1,50 €, Kinder 0,50 €, Führungen 15 € **Öffnungszeiten** 1. Mai – 31. Okt tägl 14 – 17 h, Führungen ganzjährig auf Anmeldung

Schwerpunkte:	Geschichte von Deichbau, -unterhaltung, -verwaltung und Landgewinnung, Sturmfluter
Angebote für Schulen:	Geschicklichkeitsspiele
Ansprechpartner:	Eibe Seebeck (0 47 42) 4 74

Walderlebniszentrum Ehrhorn (Seite 53)

Ehrhorn Nr. 1, 29640 Schneverdingen-Ehrhorn **Telefon** (0 51 98) 98 71 20 **Fax** (0 51 98) 98 71 23 **E-Mail** knut.sierk@nfa-sellhorn.niedersachsen.de **Internet** www.ehrhorn-no1.de **Service** Café, Shop **Preise** Erwachsene 2 €, Kinder 1 €, Familien 4 €, Gruppen 1,50 €, Walderlebnisführung 2,50 € **Öffnungszeiten** Apr – Okt tägl. 10 – 18 h, Nov – Mär Wochenende bis 18 h, Gruppen auch unter d. Woche

Schwerpunkte:	Landschaftsentwicklung der Lüneburger Heide
Aktionen für Kinder:	Walderlebnisführung und Kindergeburtstag n. Anmeldung
Angebote für Schulen:	Führungen zu verschiedenen Schwerpunktthemen der Bereiche Biologie, Erdkunde, WUK, Natur-Umweltschutz
Ansprechpartner:	Knut Sierk

Museum Harsefeld (Seite 132)

Am Amtshof 32,1698 Harsefeld, **Telefon** (0 41 64) 69 10 **Internet** www.harsefeld.de **Service** Parkplatz, behindertengerechter Zugang, Shop **Preise** Eintritt frei **Öffnungszeiten** Di – So 15 – 18 h, So u. Feiertage 10.30 – 12 h u. 15 – 18 h, Okt – Mär nur bis 17 h

Schwerpunkte:	Klostergeschichte, Archäologie
Aktionen für Kinder:	Ferienprogramme
Angebote für Schulen:	Betreuung von Schulklassen / schulischen AG s
Ansprechpartner:	Ulrike Riepe (0 41 64) 29 24

Museumszug Stader Geest (Seite 132)

Am Bahnhof Süd, 21698 Harsefeld **Telefon** (0 41 64) 42 81 **Fax** (0 41 64) 8 83 96 **E-Mail** bhef@gmx.de **Internet** www.harsefeld.de **Preise** Anlage kostenfrei, Fahrpreis Erwachsene 4 €, Kinder 2 € **Öffnungszeiten** Gelände am 2. So im Monat geöffnet und nach Absprache

Schwerpunkte:	Werkstätten für Dampf- und Dieselloks
Aktionen für Kinder:	Nach Absprache
Angebote für Schulen:	Nach Absprache
Ansprechpartner:	Jan Schröder, Burghard Lemke

Archäologisches Zentrum Hitzacker (Seite 57)

Hitzacker-See, 29456 Hitzacker **Telefon** (0 58 62) 67 94 **Fax** (0 58 62) 98 59 88
E-Mail azh@archaeo-centrum.de **Internet** www.archaeo-centrum.de **Service** Spielplatz,
Behindertengerecht **Preise** Erwachsene 3 €, ermäßigt u. Kinder von 6 – 18 Jahren 1,50 €, Sonderpreise für
Führungen und Programme **Öffnungszeiten** Apr – Okt Di – Fr 10 – 16 h, Sa – So+Feitertage 10 – 18 h,
Mai – Sep Di – So 10 – 18 h

Schwerpunkte:	Freilichtmuseum, Vorgeschichtsforschung Begreifen und Erleben
Aktionen für Kinder:	Übernachtungsprogramm, Kindergeburtstage
Angebote für Schulen:	Aktionsprogramme auf Nachfrage
Ansprechpartner:	Kai Martens

Museumsdorf Hösseringen – Landwirtschaftsmuseum Lüneburger Heide (Seite 61)

Am Landtagsplatz, 29556 Suderburg-Hösseringen **Telefon** (0 58 26) 17 74 **Fax** (0 58 26) 83 92
E-Mail Museumsdorf-hoesseringen@freenet.de **Internet** www.museumsdorf-hoesseringen.de
Service Gasthaus neben Museum **Preise** Erwachsene 4 €, Kinder von 6 – 16 Jahren 1 €, Gruppenführungen
Eintritt plus 30 €, Betreute Schulklassen pro Person und Stunde 2 €, Sonderpreise bei Veranstaltungen
Öffnungszeiten 15.3. – 31.10. Di – So 10.30 – 17.30 h

Schwerpunkte:	Freilichtmuseum, herkömmliche Handwerks-techniken, Landwirtschaft, Leben und Wirtschaften in der Lüneburger Heide in den letzten 300 Jahren
Aktionen für Kinder:	Aktionstage, Kindertag, Erntedankfest, Kindergeburtstag auf Anfrage
Angebote für Schulen:	Aktionen und Programme für Schulklassen
Ansprechpartner:	Museumspädagoge Günther Reimers

Handwerksmuseum Horneburg (Seite 133)

Marschdamm 2c, 21640 Horneburg **Telefon** (0 41 63) 63 20 **E-Mail** Handwerksmuseum.Horneburg@arcor-mail.de **Internet** http://vereine.markt-stade-altesland.de/handwerksmuseum **Service** Parkplatz,
Behindertengerecht **Preise** Eintritt frei **Öffnungszeiten** Di – Do 9 – 12 h 1. u. 3. So im Monat 15 – 17 h,
und nach Vereinbarung

Schwerpunkte:	Handwerke zur Wartung von Pferd und Wagen, das Umfeld des Reisens
Aktionen für Kinder:	Kindergeburtstage ab 10 Jahre
Angebote für Schulen:	Museumspädagogische Angebote
Ansprechpartner:	Peter Ahrens (0 41 41) 6 97 12

Pult- und Federkielmuseum Insel (Seite 133)

Reinsehlener Weg 2, 29640 Schneverdingen-Insel **Telefon** (0 51 93) 80 05 06 **Fax** (0 51 93) 69 69
Service Shop **Preise** Erwachsene 1 €, Schüler 0,50 € **Öffnungszeiten** Mai – Okt Di – Mi u. Sa – So 14 – 17 h,
Gruppen auch außerhalb dieser Zeit nach Vereinbarung

Schwerpunkte:	Schulgeschichte, Klassenzimmer um 1900
Angebote für Schulen:	Unterricht
Ansprechpartner:	Karla Rathgens und Erika Koopmann

Kunststätte Bossard (Seite 65)

Bossardweg 95, 21266 Jesteburg **Telefon** (0 41 83) 51 12 **Fax** (0 41 83) 77 62 66 **E-Mail** info@bossard.de
Internet www.bossard.de **Service** Shop/Kunstgewerbe **Preise** Erwachsene 5 €, Kinder bis 16 Jahre frei,
Gruppen ab 15 Pers. 4,50 € / Person **Öffnungszeiten** Mär – Okt Di – Fr 10 – 17 h u. Sa – So 10 – 18 h,
Nov – Feb Di – So 10 – 16 h

Schwerpunkte:	Werke aller Bereiche des Künstlerehepaares Bossard
Aktionen für Kinder:	Kinderatelier (Mai – Okt jeden Mi), Theatergruppe, Sommerferienprogramm, Führungen mit anschließendem Kreativprogramm nach Anmeldung
Angebote für Schulen:	Programm kann an der Kunststätte angefordert werden
Ansprechpartner:	Oliver Fok (0 40) 79 01 76 - 18

Freilichtmuseum am Kiekeberg (Seite 69)

Am Kiekeberg 1, 21224 Rosengarten-Ehestorf **Telefon** (0 40) 7 90 17 60 **Fax** (0 40) 7 92 64 64
E-Mail info@kiekeberg-museum.de **Internet** www.kiekeberg-museum.de **Service** Gasthof, Shop, Spielplatz,
Picknickplatz, Wickelplatz **Preise** Erwachsene 5 €, Kinder bis 16 Jahre frei, Gruppen ab 15 Pers. 4,50 €
Öffnungszeiten Mär – Okt Di – Fr 9 – 17 h u. Sa – So 10 – 18 h, Nov – Feb Di – So 10 – 16 h

Schwerpunkte:	Geschichte des Hausbaus, Lebens und Arbeitens
Aktionen für Kinder:	Aktionstage, Kinderkonzerte, Ferienprogramm, Kindergeburtstag nach Anmeldung
Angebote für Schulen:	Programme für Gruppen nach Anmeldung
Ansprechpartner:	Christine Götze, Sven Nommensen (040) 79 01 76 36

Dorfmuseum Langlingen (Seite 134)

Hauptstraße 44, 29364 Langlingen **Telefon** (0 50 82) 3 20 **Fax** (0 50 82) 9 20 15
E-Mail Verkehrsverein@wienhausen.de **Internet** www.Wienhausen.de **Service** Café, Parkplatz
Preise Eintritt auf freiwilliger Spendenbasis **Öffnungszeiten** Mär – Sep jeden 2. So im Monat 13 – 17 h,
Führungen auch nach Vereinbarung

Schwerpunkte:	Heimatmuseum, Leben auf dem Lande
Aktionen für Kinder:	2. So im Sep Aktionstag „Jugend im Museum"
Angebote für Schulen:	Sonderführungen
Ansprechpartner:	Rolf Meyer

Deutsches Salzmuseum Lüneburg (Seite 73)

Sülfmeisterstraße 1, 21335 Lüneburg **Telefon** (0 41 31) 4 50 65 **Fax** (0 41 31) 4 50 69
E-Mail salzmuseum@aol.com **Internet** www.salzmuseum.de **Service** Garderobe, Shop, Café, Wickeltisch,
Behindertenzugang **Preise** Erwachsene 4 €, ermäßigt 2,70 €, Schüler 2,50 €, Kinder unter 6 Jahren frei,
Familienkarte 11 €, Schülerführung 16 € + Eintritt **Öffnungszeiten** Sa – So 10 – 17 h, Apr – Okt: Mo – Fr
9 – 17 h, Nov – Mär: Mo – Fr 10 – 17 h

Schwerpunkte:	Industriedenkmal Saline, Bedeutung des Salzes für Lüneburg, Stadtgeschichte
Aktionen für Kinder:	Kinderführungen nach Anmeldung, Kindergeburtstage
Angebote für Schulen:	Schulführungen nach Anmeldung auf Wunsch mit Salzsieden
Ansprechpartner:	Dr. Christian Lamschus

Naturmuseum Lüneburg (Seite 77)

Salzstraße 26, 21335 Lüneburg **Telefon** (0 41 31) 40 38 83 u. 24 47 47 **Fax** (0 41 31) 24 47 57 **Internet**
www.luene-info.de/natur.html **Service** Seminarraum, museumspädagogischer Raum, Schließfächer, Shop
Preise Erwachsene 2,50 €, ermäßigt 1,50 €, Kinder bis 3 Jahre frei, Familienkarte 4 €, Klassen- und
Jugendgruppenführungen 15 €, Erwachsenengruppen 20 € **Öffnungszeiten** Di – Sa 10 – 16 h, So 10 – 13 h

Schwerpunkte:	Haus für Natur und Umwelt, ökologisch ausgerichtete Bildungsstätte
Aktionen für Kinder:	Experimentierplätze, Suchspiele nach Anmeldung: Kindergeburtstage, Kinderführungen
Angebote für Schulen:	Klassenbesuche, Projekttage, Exkursionen, praktisch-experimenteller Unterricht nach Anmeldung
Ansprechpartner:	Geschäftsstelle

Ostpreußisches Landesmuseum (Seite 83)

Ritterstraße 10, 21335 Lüneburg **Telefon** (0 41 31) 75 99 50 **Fax** (0 41 31) 7 59 95 11
E-Mail info@ostpreussisches-landesmuseum.de **Internet** www.ostpreussisches-landesmuseum.de **Service**
Garderobe, Shop, Behindertenzugang, museumspädagogischer Raum, Video-Raum, Cafeteria **Preise**
Erwachsene 3 €, Kinder u. ermäßigt 2 €, Kinder unter 6 Jahren u. Schulklassen frei, Familienkarte So u.
Feiertag 6 €, Gruppenführung 21 € + Eintritt, Kindergeburtstag 26 € + Eintritt **Öffnungszeiten** Di – So
10 – 17 h

Schwerpunkte:	Kulturhistorisches Museum, Landschaft, Geschichte und Kultur
Aktionen für Kinder:	Kinderführungen und Kindergeburtstage nach Anmeldung, Sommerferienaktionen, Kinder-ritterburg zum Spielen, Lesemöglichkeit
Angebote für Schulen:	Schulführungen nach Anmeldung
Ansprechpartner:	Museumspädagogischer Dienst: Silke Straatman M.A. (0 41 31) 7 59 95 20

Aeronauticum - Deutsches Luftschiff- und Marinefliegermuseum Nordholz (Seite 134)

Peter-Strasser-Platz 3, 27637 Nordholz **Telefon** (0 47 41) 1 81 90 **Fax** (0 47 41) 18 19 15
E-Mail aeronauticum@t-online.de **Internet** www.aeronauticum.de **Service** Shop, Kiosk, Behindertengerecht,
Parkplatz **Preise** Erwachsene 3,75 €, Kinder 1,75 €, Gruppen ab 10 Pers.: Erwachsene 3,25 €, Kinder 1,50 €,
Führungen 25 € **Öffnungszeiten** 15. Mär – 30. Jun Mo – Sa 13 – 17 h, So 10 – 18 h, 1. Jul – 31. Aug tägl.
10 – 18 h, 1. Sep – 31 Okt Mo – Sa 13 – 17 h, So 10 – 18 h, außerhalb dieser Zeit Öffnung nach Vereinbarung

Schwerpunkte:	Technik und Geschichte der Luftschiffahrt und Marinefliegerei
Aktionen für Kinder:	Museumsrallye
Angebote für Schulen:	Museumsrallye, Führungen
Ansprechpartner:	Irene Jacobsen

Museumsanlage Osterholz (Seite 135)

Bördestraße 42, 27711 Osterholz-Scharmbeck **Telefon** (0 47 91) 1 31 05 **Fax** (0 47 91) 96 41 14
E-Mail info@kultustiftung-ohz.de **Internet** www.kulturstiftung-ohz.de **Service** Shop, Parkplatz,
Behinderten-WC **Preise** Erwachsene 2 €, ermäßigt u. Gruppen ab 10 Pers. 1 €
Öffnungszeiten Sa – So 10 – 17 h, Gruppen auch unter der Woche nach Vereinbarung

Schwerpunkte:	Heimatkundliche Sammlung, Werkstätten, Schiff fahrt und Torfabbau, norddeutsches Vogelmuseum
Aktionen für Kinder:	Kindergeburtstage mit unterschiedlichen Aktionen, Führungen für Kindergärten mit Aktionen
Angebote für Schulen:	Führungen mit Aktionen
Ansprechpartner:	Karla Lütjen

Norddeutsches Vogelmuseum (Seite 136)

Bördestraße 42, 27711 Osterholz-Scharmbeck **Telefon** (0 47 91) 1 31 05 **Fax** (0 47 91) 96 41 14
E-Mail info@kultustiftung-ohz.de **Internet** www.kulturstiftung-ohz.de **Service** Shop, Parkplatz,
Behinderten-WC **Preise** (Eintritt für gesamte Museumsanlage) Erwachsene 2 €, ermäßigt u. Gruppen
ab 10 Pers. 1 € **Öffnungszeiten** Sa – So 10 – 17 h, Gruppen auch unter der Woche nach Vereinbarung

Schwerpunkte:	Dioramen, Präparate, Lebensraum und Lebensweise von hauptsächlich Sumpf- und Wasservögeln
Aktionen für Kinder:	Kindergeburtstage, Kinderführungen auf Anmeldung
Angebote für Schulen:	Schulführungen, mit Aktionen
Ansprechpartner:	Dr. Walter Baumeister

Handwerkermuseum Sittensen (Seite 87)

Mühlenstraße 8a, 27419 Sittensen **Telefon** (0 42 82) 93 00 53 **Fax** (0 42 82) 93 00 24
E-Mail bweiden@sg.sittensen.de **Internet** www.sittensen.de **Service** Behinderten WC, Raum zum Verzehr
mitgebrachter Speisen, Parkplatz **Preise** Eintritt frei **Öffnungszeiten** Sa 15 – 17 h, So. und Feiertags
14 – 18 h, Schulklassen und Gruppen nach Vereinbarung

Schwerpunkte:	Handwerke, Wekstätten und ihre Arbeitsabläufe
Aktionen für Kinder:	Themenbereiche, Ferienaktionen, Ferienspiele und Webkurse im Sommer, Aktionstag mit Handwerkervorführungen
Angebote für Schulen:	Führungen und Vorführungen zum Mitmachen nach Vereinbarung
Ansprechpartner:	Museumspädagogischer Dienst: Birgit Weiden

Norddeutsches Spielzeugmuseum (Seite 91)

Poststraße 7, 29614 Soltau **Telefon** (0 51 91) 8 21 82 **Fax** (0 51 91) 8 21 81
E-Mail spielzeugmuseum@hotmail.com **Internet** www.soltau.de **Service** Shop, Spielzimmer
Preise Erwachsene 3 €, ermäßigt 1,50 €, Kinder unter 6 Jahren frei, Gruppen ab 10 Pers: Erwachsene 2 €,
ermäßigt 1 €, Jahreskarte Erwachsene 5 €, ermäßigt 2,50 € **Öffnungszeiten** Osterzeit – Ende Okt tägl.
10 – 18 h, Di u. Sa bis 21 h, Anfang Nov – Osterzeit 14 – 17.30 h

Schwerpunkte:	Vergangene Spielwelten – Exponate aus 4 Jahrhunderten
Aktionen für Kinder:	Ferienprogramme, Kindergeburtstag nach Anmeldung
Angebote für Schulen:	Kostenlose Führungen, Fragespiel
Ansprechpartner:	Hannelore Ernst und Annegret Zollenkopf

Schwedenspeicher-Museum (Seite 95)

Am Wasser West 39, 21682 Stade **Telefon** (0 41 41) 32 22 **Fax** (0 41 41) 4 57 51
E-Mail mpd@schwedenspeicher.de **Internet** www.schwedenspeicher.de **Service** Shop **Preise** Erwachsene
1 €, Kinder 14 – 18 Jahre 0,50 €, Kinder bis 13 Jahre frei, Do Eintritt frei **Öffnungszeiten** Di – Fr 10 – 17 h,
Sa – So 10 – 18 h

Schwerpunkte:	Stadt- und Regionalgeschichte, Schwedenzeit, Ur- und Frühgeschichte
Aktionen für Kinder:	Malvorlagen, Computerspiele, Kindergeburtstage
Angebote für Schulen:	Arbeitsmappen, Gruppenführungen und -programme
Ansprechpartner:	Hans-Georg Ehlers-Drecoll

Handwerksmuseum am Mühlenberg (Seite 136)

Mühlenweg 15, 29562 Suhlendorf **Telefon** (0 58 20) 3 70 **Fax** (0 58 20) 98 79 29
E-Mail museum-suhlendorf@t-online.de **Internet** http://handwerksmuseum.museum.com **Service** großteils
Behindertengerecht, Gastronomie (Backhaus) gegenüber dem Museum **Preise** Erwachsene 2,50 €, Kinder
1,50 €, Schulklassen 1 € / Pers. **Öffnungszeiten** Di – So 10 – 18 h

Schwerpunkte:	Geschichte der Mühlen, Bauweisen und Techniken, Handwerk des Müllers sowie 16 weitere Handwerke und Werkstätten aus der Mitte des vergangenen Jahrhunderts
Aktionen für Kinder:	Getreide mahlen mit Handschrotmühlen und in der originalen Bockwindmühle, samstags mit Wind- oder Motorkraft
Angebote für Schulen:	Nach Absprache Getreide mahlen in der Bockwind- mühle auch an anderen Tagen möglich
Ansprechpartner:	Eberhard Jankowski

Naturinformationshaus in Undeloh (Seite 137)

Wilseder Str. 23, 21274 Undeloh **Telefon** (0 41 89) 2 94 **Fax** (0 51 98) 98 70 39 **E-Mail** vnp-info@t-online.de
Internet www.verein-naturschutzpark.de **Preise** Eintritt frei **Öffnungszeiten** tägl. 10 – 16 h

Schwerpunkte:	Natur, Landschaft und Geschichte des Naturschutz- gebietes Lüneburger Heide
Aktionen für Kinder:	Aktionstage zu unterschiedlichen Themen, Mal- und Bastelraum, Fühl- und Tastecke, Fuchsbau (begehbar) u.v.m.
Angebote für Schulen:	Geführte Wanderungen im Naturschutzgebiet zu unterschiedlichen Themen, Video-Vorführungen, spezielle Angebote nach Absprache
Ansprechpartner:	Steffen Albers (0 51 98) 98 70 35

Deutsches Pferdemuseum (Seite 101)

Holzmarkt 9, 27283 Verden (Aller) **Telefon** (0 42 31) 80 71 40 **Fax** (0 42 31) 80 71 60
E-Mail pferdemuseum@t-online.de **Internet** www.dpm-verden.de **Service** Behindertengerecht, Garderobe,
Shop, historische Bibliothek **Preise** Erwachsene 3 €, Kinder von 5 – 18 Jahren 1,50 €, Kinder bis 4 Jahre frei,
Gruppen ab 11 Pers. 2 €/Person, Schulklassen 1 €/Person, Schulführung 15 €, Führungen 25 €,
Kindergeburtstage 45 € **Öffnungszeiten** Di – So 10 – 17 h

Schwerpunkte:	Funktion des Pferdes in Gesellschaft und Kultur, Geschichte von Pferdezucht und -sport
Aktionen für Kinder:	Kindergeburtstage, Spiele, Museumsrätsel
Angebote für Schulen:	Altersstufengerechte Führungen für 1. – 7. Klasse
Ansprechpartner:	Museumspädagogik (0 42 31) 80 71 46

Domherrenhaus – Historisches Museum Verden (Seite 107)

Untere Straße 13, 27283 Verden (Aller) **Telefon** (0 42 31) 21 69 **Fax** (0 42 31) 93 00 20
E-Mail Domherrenhaus-Verden@t-online.de **Service** Spiel-/Sitzmöglichkeit im Vorhof, Gastronomie in naher
Umgebung **Preise** Erwachsene 2 €, Kinder bis 18 Jahre frei, Kindergeburtstag 40 € Euro, Führung 15 €
Öffnungszeiten Di – So 10 – 13 h u. 15 – 17 h

Schwerpunkte:	Stadt- und Kulturgeschichte, Dioramen
Aktionen für Kinder:	Kindergeburtstag, Museumsrätsel, weitere Angebote auf Nachfrage
Angebote für Schulen:	Führungs- und Begleitprogramm für Schulklassen, thematischer Museumsunterricht
Ansprechpartner:	Museumspädagogik: Brigitte Hartmann (0 42 31) 32 38

Deutsches Erdölmuseum Wietze (Seite 111)

Schwarzer Weg 7 – 9, 29323 Wietze **Telefon** (0 51 46) 9 23 40 **Fax** (0 51 46) 9 23 42
E-Mail erdoelmuseum@t-online.de **Internet** www.deutsches-erdoelmuseum.de **Service** Spielplatz,
Behindertenzugang, Shop, Bistro, museumspädagogischer Arbeitsraum, Parkplatz **Preise** Erwachsene 4 €,
ermäßigt 2,50 €, Kinder unter 6 Jahren frei, Familienkarte 8 €, Gruppen ab 6 Pers 3 € **Öffnungszeiten**
Mär – Nov Di – So 10 – 17 h, Jun – Aug Di – So 10 – 18 h

Schwerpunkte:	Erdöl, Geologie, Ölfördertürme und -anlagen auf großem Freigelände
Aktionen für Kinder:	Kindergeburtstag, Ferienprogramm, Rallye, Video
Angebote für Schulen:	Experimente, Gruppenführungen
Ansprechpartner:	Dr. Susanne Abel

Waldmuseum Wingst (Seite 138)

Am Waldmuseum 11, 21789 Wingst-Wassermühle **Telefon** (0 47 78) 4 90 **Preise** auf freiwilliger
Spendenbasis **Öffnungszeiten** nach telefonischer Anmeldung 9 – 12 h u. 14 – 18 h

Schwerpunkte:	Waldgeschichte der Geest, Lebenszusammenhänge von Pflanzen- und Tierwelt und ökologische Probleme
Aktionen für Kinder:	Führungen für Kinder
Angebote für Schulen:	Schulführungen
Ansprechpartner:	Ingrid Reyelt

Museum im Marstall (Seite 115)

Schloßplatz 11, 21423 Winsen (Luhe) **Telefon** (0 41 71) 34 19 **Fax** (0 41 71) 33 83 **Service** Café, Aufzug, Behindertengerecht, Garderobe **Preise** Erwachsene 1,50 €, Schüler 0,50 €, Kinder bis 6 Jahre frei, Schülergruppen ab 10 Pers. 0,40 €, Erwachsenengruppen 1 € **Öffnungszeiten** Di – Fr 15 – 18 h, Sa – So 10 – 13 h u. 15 – 18 h

Schwerpunkte:	Lokal- und Regionalgeschichte, Nachbildungen von Werkstätten
Aktionen für Kinder:	Plattdeutsches Kasperletheater, Kindergeburtstag
Angebote für Schulen:	Stadtrallye Führungen zum Thema „altes Handwerk" und „Schule früher", Unterstützung für Schulprojekttage
Ansprechpartner:	Ilona Johannsen M.A.

Museum für Wattenfischerei (Seite 138)

Wurster Landstraße 118, 27638 Wremen **Telefon** (0 47 05) 81 06 06 **Fax** (0 47 51) 81 06 07 **E-Mail** museum-wremen@t-online.de **Internet** www.museum-wremen.de **Preise** Erwachsene 1,50 €, Kinder 0,50 € **Öffnungszeiten** Di – Sa 11 – 17 h, So 15 – 18 h, Feb und Nov nur So, Führungen nach Vereinbarung

Schwerpunkte:	Lebensraum Wattenmeer, Entwicklung der unter schiedlichsten Methoden im Krabbenfang und deren Vermarktung
Aktionen für Kinder:	Führungen für Kindergruppen, Ferienaktionen auf Anfrage
Angebote für Schulen:	Führungen
Ansprechpartner:	Fredi Fitter (0 47 05) 5 08, Manfred Lukait (0 47 05) 4 82

Feuerwehrmuseum Zeven (Seite 139)

Meyerhöfen 7, 27404 Zeven **Telefon** (0 42 81) 23 76 o. 86 72 **Fax** (0 42 81) 95 65 51 **E-Mail** info@feuerwehrmuseum-zeven.de **Internet** www.feuerwehrmuseum-zeven.de **Preise** Erwachsene 3€, Kinder 1 €, Gruppen: je 10 Pers. eine Freikarte **Öffnungszeiten** So 14 – 17 h, Gruppen auch zu anderen Zeiten nach Anmeldung

Schwerpunkte:	Geschichte des Brandschutzes von der Antike bis zur Gegenwart, Entwicklung der Freiwilligen- und Berufsfeuerwehren
Aktionen für Kinder:	Spielerische Erschliessung von Brandschutz für Kinder, Malbögen, Üben von Notrufen, „Löschangriff wie vor 100 Jahren"
Angebote für Schulen:	Brandschutzerziehung
Ansprechpartner:	Ulrike Müller (Gruppenanmeldung)

Museumsregister

Die ausführlich im ersten Teil des Bandes auf den Seiten 3 bis 118
vorgestellten Museen sind **gelb gekennzeichnet.**
Die übrigen Museen finden sich als Tipps auf den Seiten 127 bis 139.
Die Seitenzahlen mit den Ziffern 143 – 157 beziehen sich auf die Infos zu den
Museen.

Aeronauticum – Deutsches Luftschiff- und Marinefliegermuseum, Nordholz	134, 153
Archäologisches Zentrum Hitzacker	57, 150
Bomann-Museum Celle	47, 148
Buxtehude · Museum für Regionalgeschichte und Kunst	129, 147
Deutsches Erdölmuseum Wietze	111, 156
Deutsches Pferdemuseum, Verden (Aller)	101, 155
Deutsches Salzmuseum, Lüneburg	73, 152
Deutsches Schiffahrtsmuseum, Bremerhaven	37, 147
Domherrenhaus – Historisches Museum Verden	107, 156
Dorfmuseum Langlingen	134, 151
Elbschloss Bleckede	9, 144
Feuerwehrmuseum Zeven	139, 157
Focke-Museum – Bremer Landesmuseum für Kunst und Kulturgeschichte	13, 144
Freilichtmuseum am Kiekeberg, Rosengarten-Ehestorf	69, 151
Gedenkstätte Bergen-Belsen, Lohheide	127, 143
Gerhard Marcks-Haus, Bremen	128, 144
Handwerkermuseum Sittensen	87, 154
Handwerksmuseum am Mühlenberg, Suhlendorf	136, 155
Handwerksmuseum Horneburg	133, 150
Historisches Museum Bremerhaven / Morgenstern-Museum	41, 147
Kunsthalle Bremen	15, 145
Kunststätte Bossard, Jesteburg	65, 151
Museum der 50er Jahre, Cuxhaven	130, 148
Museum Harsefeld	132, 149
Museum für Wattenfischerei, Wremen	138, 157
Museum im Marstall, Winsen (Luhe)	115, 157
Museumsdorf Hösseringen – Landwirtschaftsmuseum Lüneburger Heide	61, 150
Museumszug Stader Geest, Harsefeld	132, 149
Natureum Niederelbe – Natur- und Freilichtmuseum, Balje	3, 143
Naturinformationshaus in Undeloh	137, 155
Naturmuseum Lüneburg	77, 152
Niedersächsisches Deichmuseum Dorum	131, 149
Norddeutsches Spielzeugmuseum, Soltau	91, 154
Norddeutsches Vogelmuseum, Osterholz-Scharmbeck	136, 153
Ostpreußisches Landesmuseum, Lüneburg	83, 152
Paula Modersohn-Becker Museum – Kunstsammlungen Böttcherstraße, Bremen	128, 145
Pult- und Federkielmuseum Insel	133, 151
Schulgeschichtliche Sammlung Bremen	21, 146
Schwedenspeicher-Museum, Stade	95, 154
Übersee-Museum, Bremen	27, 146
Universum Science Center Bremen	33, 146
Walderlebniszentrum Ehrhorn	53, 149
Waldmuseum Wingst	138, 156
Wrackmuseum Cuxhaven	130, 148

In den weiteren Bänden sind folgende Museen enthalten:

Band 1 – Region Braunschweig

Bauernhausmuseum Bortfeld
Braunschweigisches Landesmuseum
Erinnerungsstätte im VW-Werk Wolfsburg
Europäisches Brotmuseum, Ebergötzen
Goslarer Museum
Heeseberg-Museum, Watenstedt
Herzog Anton Ulrich-Museum, Braunschweig
Historische Spinnerei Gartetal, Klein Lengden
Historisches Besucherbergwerk „19-Lachter-Stollen", Wildemann
Historisches Museum Schloss Gifhorn
Hoffmann-von-Fallersleben-Museum, Wolfsburg – Fallersleben
Jüdisches Museum, Braunschweig
Kaiserpfalz, Goslar
Kreismuseum Peine
Kunstmuseum Wolfsburg
KZ-Gedenkstätte im Torhaus Moringen
Mönchehaus-Museum für moderne Kunst Goslar
Museum Burg Brome
Museum im Ritterhaus Osterode
Museum im Schloß Wolfenbüttel
Museum Schloss Herzberg
Nationalparkhaus St. Andreasberg
Oberharzer Bergwerksmuseum, Clausthal-Zellerfeld
Rausch SchokoLand, Peine – Stederdorf
St. Annen-Haus, Goslar
Schulmuseum Steinhorst
Spielzeugmuseum Bad Lauterberg
Staatliches Naturhistorisches Museum, Braunschweig
Städtische Galerie Wolfsburg
Städtisches Museum – Schloß Salder, Salzgitter
Städtisches Museum Einbeck
Städtisches Museum Göttingen
Stadtmuseum Wolfsburg – Schloß Wolfsburg
Stiftung AutoMuseum Wolfsburg
Ur- und Frühgeschichte, Wolfenbüttel
Till Eulenspiegel-Museum Schöppenstedt
Weltkulturerbe Rammelsberg – Museum und Besucherbergwerk, Goslar
Wilhelm-Busch-Mühle, Ebergötzen
Zinnfiguren-Museum Goslar

Band 2 – Region Hannover

Automuseum Störy
Dinosaurier-Freilichtmuseum Münchehagen
Druckereimuseum Hoya
Die Eulenburg – Museum Rinteln
Fagus-Gropius-Ausstellung, Alfeld (Leine)
Heimatmuseum Seelze, Letter
Historisches Museum Hannover
Hubschraubermuseum Bückeburg
Kestner-Museum, Hannover
Kreismuseum Syke
Münchhausen- und Heimatmuseum Bodenwerder
Museum für Energiegeschichte(n) Avacon AG, Hannover
Museum für Landtechnik und Landarbeit, Börry
Museum Hameln
Museum im Schloß Bad Pyrmont
Museum im Schloß – Porzellanmanufaktur Fürstenberg
Museum Nienburg
Niedersächsisches Kleinbahn-Museum Bruchhausen-Vilsen
Niedersächsisches Landesmuseum Hannover
Nordhannoversches Bauernhaus Museum Isernhagen / Wöhler-
Dusche-Hof
Roemer- und Pelizaeus-Museum, Hildesheim
Sprengel Museum Hannover
Stadtmuseum im Knochenhauer Amtshaus, Hildesheim
Torfmuseum, Neustadt a. Rbge
Werkstatt-Papiermuseum Bruchmühlen
Wilhelm-Busch-Museum, Hannover

161

Band 4 – Region Weser Ems

Ausstellungszentrum für die Archäologie des Emslandes, Meppen
Deutsches Sielhafenmuseum in Carolinensiel
Dokumentations- und Informationszentrum Emslandlager, Papenburg
Druckereimuseum, Sandkrug
Emsland-Moormuseum, Groß Hesepe
Emslandmuseum Papenburg – Museum für Industrie und Technik
Fabrikmuseum Nordwolle Delmenhorst
Fehn- und Schiffahrtsmuseum, Westrhauderfehn
Felix Nussbaum-Haus, Osnabrück
Handwerksmuseum Ovelgönne
Heimatmuseum Norden
Historisches Museum Aurich
Horst-Janssen-Museum, Oldenburg
Industrie Museum Lohne
Internationales Muschelmuseum, Hooksiel
Johannes a Lasco Bibliothek – Große Kirche in Emden
Kulturgeschichtliches Museum Osnabrück
Kunsthalle in Emden
kunstwegen – Städtische Galerie Nordhorn
Landesmuseum für Kunst und Kulturgeschichte, Oldenburg
Landesmuseum für Natur und Mensch, Oldenburg
miraculum – MachMitMuseum, Aurich
Moormuseum Moordorf e.V., Südbrookmerland
Mühlenmuseum Haren (Ems)
Museum am Schölerberg – Natur und Umwelt, Osnabrück
Museum im Zeughaus, Vechta
Museum Industriekultur Osnabrück
Museum „Leben am Meer", Esens
Museum Moorseer Mühle, Abbehausen
Museum Nordenham
Museumsdorf Cloppenburg – Niedersächsisches Freilichtmuseum
Nationalpark-Haus / Museum Butjadingen
Nationalparkzentrum Wilhelmshaven / Das Wattenmeerhaus, Wilhelmshaven
Nordwestdeutsches Schulmuseum Friesland, Bohlenbergerfeld
Ostfriesisches Landesmuseum / Emder Rüstkammer, Emden
Ostfriesisches Schulmuseum Folmhusen
Ostfriesisches Teemuseum, Norden
Schiffahrtsmuseum der oldenburgischen Weserhäfen in Brake
Schiffahrts-Museum Nordhorn
Schlossmuseum Jever
Städtische Galerie Delmenhorst „Haus Coburg"
Stadtmuseum Delmenhorst
Stadtmuseum Oldenburg
Theatermuseum für junge Menschen, Lingen
Tuchmacher Museum Bramsche
Uhrenmuseum Bad Iburg
Varusschlacht im Osnabrücker Land – Museum und Park Kalkriese

Sachregister

**Band 3 – Region Lüneburg
und Bremen**

Archäologie / Ur- und Frühgeschichte	3, 57, 95, 107
Auswanderer	41
Bauernhaus	47, 61
Bergwerk	111
Bernstein	2, 83
Deichbau	131
Eisenbahn	132
Eiszeit	107
Erdgeschichte (Geologie / Mineralogie)	33, 73, 111
Erdöl, Erdölgewinnung	111
Feuerwehr	139
Fischerei	37, 41, 138
Freilichtmuseum	3, 61, 69
Fünfziger Jahre	41, 69, 130
Gedenkstätte	127
Gemälde	15
Geschichte, Dorf	132, 134
Geschichte, Stadt und Region	13, 41, 47, 61, 69, 95, 107, 115, 129, 135
Geschichte, Landes-	13, 47, 83
Getreideverarbeitung	61, 69, 136
Industriegeschichte	13, 41, 73, 111
Handwerk	37, 41, 47, 61, 69, 87, 107, 133, 134
Heide	47, 53, 61
Kaufmannsladen	41, 87
Königreich Hannover	47
Kunst, alte	13, 15
Kunst, moderne	15, 65, 128
Kunst, zeitgenössische	15, 128
Kunsthandwerk / Angewandte Kunst	13, 65
Künstlerhaus	65
Kutsche	101
Landwirtschaft	63, 69, 134
Luftfahrt	134
Marine	37, 134
Meeresforschung	37
Naturkunde / Naturgeschichte	3, 9, 33, 53, 77, 83, 101, 136, 137
Ostpreußen	83
Pferde	101
Rüstungen	83
Salz, Salzgewinnung	73
Schiffahrt	37, 41, 130
Schule / Schulgeschichte	21, 133
Science Center	33
Segelschiff	37
Skulpturen	15, 65, 128
Spielzeug	47, 91

Fortsetzung Sachregister Band 3 – Lüneburg und Bremen

3, 9, 27, 53, 77, 83, 101, 136	Tierkunde (Zoologie)
3, 9, 27, 33, 53, 77, 137	Umwelt und Natur
27	Völkerkunde
53, 138	Wald
87	Wassermühle
136	Windmühle
13, 27, 47, 61, 65, 69, 130	Wohnen / Wohnkultur
130	Wracks
134	Zeppelin

Ortsregister

Band 3 – Region Lüneburg und Bremen

Balje	3
Bergen-Belsen	127
Bleckede	9
Bremen	13, 15, 21, 27, 33, 128
Bremerhaven	37, 41
Buxtehude	129
Celle	47
Cuxhaven	130
Dorum	131
Ehrhorn	53
Harsefeld	132
Hitzacker	57
Horneburg	133
Hösseringen	61
Insel	133
Jesteburg	65
Kiekeberg	69
Langlingen	134
Lüneburg	73, 77, 83
Nordholz	134
Osterholz-Scharmbeck	135, 136
Sittensen	87
Soltau	91
Stade	95
Suhlendorf	136
Undeloh	137
Verden (Aller)	101, 107
Wietze	111
Wingst	138
Winsen (Luhe)	115
Wremen	138
Zeven	139

In den weiteren Bänden sind Museen in folgenden Orten zu finden:

Band 1 – Region Braunschweig	Band 2 – Region Hannover	Band 4 – Region Weser-Ems
Bad Lauterberg	Alfeld (Leine)	Abbehausen
Bortfeld	Bad Pyrmont	Aurich
Braunschweig	Bodenwerder	Bad Iburg
Brome	Börry	Bohlenbergerfeld
Clausthal-Zellerfeld	Bruchhausen-Vilsen	Brake (Unterweser)
Ebergötzen	Bruchmühlen	Bramsche
Einbeck	Bückeburg	Carolinensiel
Gifhorn	Fürstenberg (Weser)	Cloppenburg
Goslar	Hameln	Delmenhorst
Göttingen	Hannover	Emden
Herzberg am Harz	Hildesheim	Esens
Klein Lengden	Hoya (Weser)	Fedderwardersiel
Moringen	Isernhagen NB	Folmhusen
Osterode am Harz	Letter	Groß Hesepe
Peine	Münchehagen	Haren (Ems)
Peine-Stederdorf	Neustadt a. Rbge	Hooksiel
Salzgitter-Salder	Nienburg (Weser)	Jever
Sankt Andreasberg	Rinteln	Kalkriese
Schöppenstedt	Störy	Lingen (Ems)
Steinhorst	Syke	Lohne (Oldenburg)
Watenstedt		Meppen
Wildemann		Norden
Wolfenbüttel		Nordenham
Wolfsburg		Nordhorn
Wolfsburg-Fallersleben		Oldenburg
		Osnabrück
		Ovelgönne
		Papenburg
		Sandkrug
		Südbrookmerland
		Vechta
		Westrhauderfehn
		Wilhelmshaven

Beteiligte
Institutionen

Regionale Förderung mit überregionalem Anspruch – mit dieser Zielsetzung wurde die Niedersächsische Sparkassenstiftung von den niedersächsischen Sparkassen gegründet. Seit 1985 flossen über 50 Millionen Euro zur Stärkung der Kultur in die Regionen Niedersachsens. Um hier gezielt wirken zu können, setzt die Stiftung ihre Schwerpunkte in den Förderbereichen Bildende Kunst, Denkmalpflege, Musik und Museen (mehr dazu unter **www.nsks.de**). Mit Hilfe der Stiftung wurden viele Museen spannender für ihre Besucher – gerade auch für Kinder. Einen Museumsführer für Kinder, der Lust auf das Abenteuer Museum macht, gab es bisher in Niedersachsen und Bremen noch nicht. Diese Lücke zu schließen, ist die konsequente Weiterentwicklung des Förderprogramms Museum.

Niedersächsische Sparkassenstiftung
Herausgeber

Im Museumsverband für Niedersachsen und Bremen e.V. sind die Museen und ihre Mitarbeiterinnen und Mitarbeiter organisiert. Der Verband vertritt die Interessen der Museen in den Bundesländern Niedersachsen und Bremen durch Öffentlichkeitsarbeit, Information, Beratung, Betreuung und Weiterbildungsangebote. Die Mehrzahl der Museen gehören dem Verband als Mitglied an. In seinen umfassenden Beratungs- und Betreuungsaufgaben wird der ehrenamtliche Vorstand von einer hauptamtlich geführten Geschäftsstelle mit Sitz in Hannover unterstützt. Der Verband wird gefördert vom Land Niedersachsen.

**Museumsverband
für Niedersachsen und Bremen e.V.**
Herausgeber

„Vermittlung im Museum" ist das Thema des Arbeitskreises Museumspädagogik-Nord e.V. Dieser Verein besteht seit etwa 20 Jahren und hat die Entwicklung der Museumspädagogik in Norddeutschland wesentlich vorangebracht. 120 Museumspädagogen aus allen Museumssparten haben sich im Arbeitskreis zusammengefunden, um sich zu unterstützen, auszutauschen und fortzubilden. Vor allem aber will der Arbeitskreis die Museen auf ihrem Weg zu einer anschaulichen, unterhaltsamen, besucher- und besonders kinderfreundlichen Einrichtung aktiv begleiten.

**Arbeitskreis
Museumspädagogik-Nord e.V.**

Das „Kurt-Schwitters-Forum" auf der Expo Plaza umfasst über ein Dutzend Studiengänge der Fachhochschule Hannover und der Hochschule für Musik und Theater, die Studierende in den Bereichen Medien, Kultur und Design ausbilden. Durch die räumliche und verwandtschaftliche Nähe der Studiengänge ergeben sich spannende Möglichkeiten, miteinander neue Projekte anzugehen.

Fachhochschule Hannover

Ein herausragendes Beispiel ist die Zusammenarbeit für den Kindermuseumsführer: 29 Studierende aus drei unterschiedlichen Studiengängen (zwei Journalistinnen sind Studentinnen an der Hochschule für Musik und Theater, die anderen kommen von der Fachhochschule) haben unter der Leitung der Sparkassenstiftung und der verantwortlichen Professoren diese Aufgabe großartig bewältigt. Studierende der Fachrichtungen Grafik-Design, Journalistik und Fotografie haben „interdisziplinär" zusammengearbeitet. Unter Zeitdruck, mit großem Engagement, viel Begeisterung für das Thema und Erfolg.

Isensee Verlag

Der Isensee Verlag begann in den 60er-Jahren mit einer regelmäßigen Verlagstätigkeit, seit damals in enger Zusammenarbeit mit der Oldenburgischen Landschaft. Er begreift sich als Regionalverlag für den Nordwesten Deutschlands und gehört mit seinen über 900 Publikationen zu den bedeutendsten in diesem Gebiet. Regionalliteratur macht etwa 80 % des Verlagsprogrammes aus: Kultur- und Kunstgeschichte, Biografien, Judaica, Bildbände, Kirchengeschichte und Naturkunde, darunter die in den 80er-Jahren erschienene „Geschichte des Landes Oldenburg". Etwa 20 % der Verlagstitel sind wissenschaftliche Veröffentlichungen in den Bereichen Kunst- und Kulturpädagogik, Naturwissenschaften und Archäologie. Neben einer hochwertigen technischen Herstellung legt der Isensee Verlag insbesondere Wert auf Layout und Typografie der einzelnen Titel. Einen Höhepunkt der Buchkunst bildet der Faksimile-Druck des „Deichatlas von Johann Conrad Musculus" aus dem Jahre 1625/26.

„Hallo Niedersachsen"

„Hallo Niedersachsen" – das Regionalmagazin im NDR Fernsehen unterhält und informiert Sie täglich zwischen 19:30 und 20:00 Uhr mit aktuellen Berichten, spannenden Reportagen und überraschenden Neuigkeiten aus ganz Niedersachsen.

Wir von der „Hallo Niedersachsen" – Redaktion sind stets nah dran an den Menschen und ihren Fragen. Aus diesem Grund ließ uns die Idee eines Museumsführers für Kinder aufhorchen. Ein Handbuch, das Kindern Lust macht auf Geschichte und Geschichten, die niedersächsische Museen erzählen. Bei diesem Projekt wollen wir gerne unterstützend dabei sein.

Längst gehören die schulisch erzwungenen Pflichtbesuche oder die Familien-Notausflüge zu Vitrinen und Schaukästen der Vergangenheit an – meist! Aber noch ist er selten auf dem Kinder-Wunschzettel an Geburtstagen oder Weihnachten zu finden: der Museumsbesuch.

Dabei gibt es in Niedersachsen an die 600 Museen, von denen viele Überraschendes zu bieten haben – auch und oft gerade für die ganz jungen Besucher. Wir von „Hallo Niedersachsen" haben einige der schönsten Museen in unserem Regionalmagazin vorgestellt. Aber einige der Schätze von Emden bis Duderstadt, von Stade bis Hann. Münden waren auch uns neu. Deshalb fanden wir die Idee eines umfassenden Museumsführers spannend und haben gern mitgemacht.

Herausgekommen ist ein Buch, das vor allem den Spaß in den einzelnen Museen entdeckt. Ein handliches Nachschlagewerk – lebendig, frech und fröhlich und vor allem praktisch. Und was uns von „Hallo Niedersachsen" dabei besonders wichtig ist: Dieses Buch könnte erreichen, dass der Besuch im Museum wieder ganz oben steht auf der Wunschliste der Kids.

Beteiligte
Personen

Niedersächsische Sparkassenstiftung

Geboren 1962 in Bad Homburg. Studium Germanistik, Kunst-
geschichte und Philosophie in Mainz, Promotion 1992. 1987 – 1992
Goethe-Museum Frankfurt/Main. 1992-1997 Deutsche Stiftung
Denkmalschutz (Konzeption und Umsetzung „Tag des Offenen
Denkmals"). 1997 – 2000 EXPO 2000 in Hannover: Projektleitung
Planet of Visions und Das 21. Jahrhundert. Seit 2000 Geschäftsführe-
rin der Niedersächsischen Sparkassenstiftung und der VGH-Stiftung.

Sabine Schormann
Redaktion und Koordination

Geboren 1968 in Bonn. Studium Musikwissenschaft und Germanistik
in Berlin, Promotion 1999 („Geheime Texte. Jean Paul und die
Musik", Berlin 2001). Veröffentlichungen zu Oper, Kunstlied,
Libretto, Musik und Dichtung. 1999 – 2001 Chefdramaturgin am
Theater Görlitz, seit 2001 Referentin bei der Niedersächsischen
Sparkassenstiftung.

Julia Cloot
Redaktion und Koordination

Geboren 1962 in Steinfeld (Ol). Studium Betriebswirtschaft mit
Schwerpunkt Marketing. Seit 2000 Referentin für Öffentlichkeitsarbeit bei der Niedersächsischen Sparkassenstiftung. Zwei Kinder
im Alter von 12 und 15 Jahren.

Martina Fragge
Öffentlichkeitsarbeit

Geboren 1977 in Rio de Janeiro. Abitur und Zivildienst in Lüneburg.
Seit 1997 Studium Sozialarbeit/Sozialpädagogik. Freier Mitarbeiter
bei der Niedersächsischen Sparkassenstiftung.

Jörg Zimmermann
Redaktion

Geboren 1972 in Wittingen. Zunächst Sparkassenausbildung.
Studium Angewandte Kulturwissenschaften an der Universität
Lüneburg. Praktikant bei der Niedersächsischen Sparkassenstiftung.

Stefan Lütkemüller
Öffentlichkeitsarbeit

Museumsverband Niedersachsen und Bremen e.V.

Geboren 1955 in Frankfurt am Main. Studium Geographie,
Soziologie und Politik dort und in Gießen. Seit 1980 Tätigkeit an
verschiedenen Museen. Seit 1987 Leiter der Geschäftsstelle des
Museumsverbandes für Niedersachsen und Bremen in Hannover.
Seit 1995 Vorstandsmitglied im Deutschen Museumsbund.

Hans Lochmann
Redaktion und Koordination

Arbeitskreis Museumspädagogik-Nord e.V.

Geboren 1953 in Stade. Studium Germanistik und Geschichte in
Freiburg/Brsg. Tätigkeit als Gymnasiallehrer. Seit 1984 Museums-
pädagoge am Schwedenspeicher-Museum Stade. Seit 1994
Geschäftsführer des Arbeitskreises Museumspädagogik-Nord e.V.

Hans-Georg Ehlers-Drecoll
Redaktion und Koordination

Fachhochschule Hannover

Rolf Nobel
Professor für Fotografie

Geboren 1950. Seit 2000 Professor für Fotografie am Fachbereich Design und Medien der Fachhochschule Hannover. Der Schwerpunkt seiner Lehre liegt auf Dokumentarfotografie und Fotojournalismus. Er selbst hat etwa 25 Jahre lang für große Magazine wie GEO, stern, FOCUS, SPIEGEL u.a. fotografiert.

Ursula Gröttrup
Professorin für Journalistik

Geboren 1944 in Greifswald. Diplom-Psychologin. 1966 Vo ontariat bei einer großen Berliner Tageszeitung. Anschließend Redakteurin, Ressortleiterin, Textchefin und Chefredakteurin von Zeitschriften in München und Hamburg. Seit 2000 Aufbau und Leitung des Modell-studiengangs Journalistik an der Fachhochschule Hannover.

Walter Hellmann
Professor für Typografie

Geboren 1954. Designer und Typograf. Lange Jahre Art Director des Rowohlt Verlages in Hamburg. 1996 gemeinsam mit zwei Partnerin-nen Gründung des Publishing-Design-Studios any.way in Hamburg. Seit 2000 Professor für Kommunikationsdesign mit dem Schwer-punkt Typografie am Fachbereich Design und Medien der Fachhoch-schule Hannover.

Jörg Becker
Gestaltung und Satz

Geboren 1969 in Neustadt (Holstein). Seit 1986 Arbeit in Werbe-agenturen, zwischendurch in Tischlereien, auf dem Bau etc Seit 1997 Studium Grafik-Design an der FH Hannover. Seit 2000 bei Odeon Zwo Hannover, seit Januar 2002 als Atelierleiter.

Jan Paschetag
Illustration

Geboren 1974 in Herford. Zivildienst, diverse Jobs und Praktika. Seit 1997 Studium Grafik-Design an der FH Hannover. Nebenbei und oft auch hauptsächlich Mitarbeiter einer Werbeagentur.

Nina Janßen
Mitarbeit Satz

Geboren 1978 in Hannover. 1998 – 2001 Ausbildung zur Medien-gestalterin für Print- und Digitalmedien. Seit 2001 Studium Kommunikationsdesign an der FH Hannover.

Andrea Fiedler
Texte Seite
47 – 52, 111 – 114

Geboren 1981 in Zwenkau. Nach dem Abitur USA-Aufentha t. Seit 2001 Studium Presse- und Öffentlichkeitsarbeit an der FH Hannover.

Matthias Hinrichsen
Texte Seite
3 – 8, 13/14, 15 – 20, 21 – 26, 27 – 32,
37 – 40, 41 – 46, 87 – 90, 95 – 100

Verlagskaufmann. 1989-1996 Werbe- und Verlagstätigkeiter. 1997-2000 Leiter Marketing in einem Industrieunternehmen. Seit 2001 Studium Journalistik an der FH Hannover.

Tobias Staudte
Texte Seite
101 – 106, 107 – 110

Geboren 1975 in Achern. Student im Fachbereich PR/Öffentlichkeits-arbeit.

Peter Tiaden
Texte Seite
33 – 36

Geboren 1967 in Oldenburg. Studium PR/ Öffentlichkeitsarbeit an der FH Hannover.

Geboren 1978 in Gera. Seit 2001 Studium PR/Öffentlichkeitsarbeit an der FH Hannover.
Beschäftigt sich mit moderner Literatur und Kunst, Reisen und Musik.

Alice Vehlgut
Texte Seite
9 – 12, 53 – 56, 57 – 60, 61 – 64, 65 – 68,
69 – 72, 91 – 94, 115 – 118

Geboren 1973 in Wadern. 1999 Diplom in Mikrobiologie. 2000/2001 Aufbaustudium Multimedia-Informatik an der FH Lüneburg. Teilzeitarbeit als Projektmanagerin für Biotechnologie in der Medizintechnik. Seit 2001 Masterstudiengang Multimediale Kommunikation am Institut für Journalismus und Kommunikationsforschung in Hannover.

Daniela Zell
Texte Seite
73 – 76, 77 – 82, 83 – 86

Geboren 1972 in Dresden. Ausbildung zum Steinmetz. Seit 2001 Studium Fotografie in Hannover.

Robert Gommlich
Fotos Seite
47 – 52, 61 – 64, 91 – 94, 101 – 106,
107 – 110, 111 – 114

Geboren 1974 in Hildesheim. Ausbildung zum Industriemechaniker, Zivildienst, Fachoberschule für Gestaltung. Seit 1999 Studium Kommunikationsdesign an der FH Hannover. 2001 Bildband „Hannover - Stadt in Bewegung" gemeinsam mit Kommilitonen, 2002 Gemeinschaftsausstellung „Hangover - Bilder einer unterschätzten Stadt".

Michael Löwa
Fotos Seite
13/14, 15 – 20, 21 – 26, 27 – 32, 37 – 40,
41 – 46

Geboren 1973. Nach der Schule mehrjährige Reisen in Süd-Ost-Asien, vor allem Burma, Nepal, Bangladesch und Pakistan. 1999 Praktikum bei Bernd Arnold. Seit 2000 Fotografie an der FH Hannover. 2001 Bildband „Hannover - Stadt in Bewegung" gemeinsam mit Kommilitonen, Gemeinschaftsausstellungen: 2001 Universität Hiroshima, 2002 „Hangover - Bilder einer unterschätzten Stadt".

Uwe H. Martin
Fotos Seite
9 – 12, 57 – 60, 73 – 76, 77 – 82, 83 – 86,
115 – 118

Geboren 1973. Nach dem Zivildienst Ausbildung zum Zimmerer. Anschließend zwei Jahre Architektur-Studium. Durch Studium und diverse Auslandsaufenthalte zur Fotografie gekommen. 2000 Wechsel an die FH. 2001 Bildband „Hannover - Stadt in Bewegung" gemeinsam mit Kommilitonen, Gemeinschaftsausstellungen: 2001 Universität Hiroshima, 2002 „Hangover - Bilder einer unterschätzten Stadt".

Andreas Meichsner
Fotos Seite
3 – 8, 53 – 56, 65 – 68, 69 – 72, 87 – 90,
95 – 100

Geboren 1977 in Olsztyn (Polen). 1997-99 Ausbildung zur Bauzeichnerin. Seit 1999 Studium Kommunikationsdesign am Fachbereich Design und Medien der Fachhochschule Hannover. 2001 Bildband „Hannover - Stadt in Bewegung" gemeinsam mit Kommilitonen, 2002 Gemeinschaftsausstellung „Hangover - Bilder einer unterschätzten Stadt".

Dorota Sliwonik
Fotos Seite
33 – 36

Isensee Verlag

Florian Isensee
Verlag

Geboren 1967 in Oldenburg. Studium Betriebswirtschaftslehre in Saarbrücken und Frankfurt am Main. Diplomkaufmann Marketing/Handel/Umweltökonomie. 1992 Einstieg in das Familienunternehmen Isensee Verlag, seit 1994 Geschäftsführer.

NDR „Hallo Niedersachsen"

Marlis Fertmann
NDR

Stellvertretende Direktorin und Fernsehchefin des NDR Landesfunkhauses Niedersachsen. Davor Hörfunk-Chefin von NDR 1 Niedersachsen und bis 1997 Leiterin des Schleswig-Holstein-Magazins des NDR in Kiel. Beginn der journalistischen Laufbahn mit einem Volontariat beim Westfälischen Anzeiger. Seit 1984 beim NDR. Bezeichnet sich selbst als Journalistin mit Leib und Seele, ist verheiratet und hat zwei Kinder.

Angela Sonntag
NDR

Geboren 1958 in Illertissen (Bayern), Studium der Kommunikations- und Literaturwissenschaften in München, freie Mitarbeit bei der Augsburger Allgemeinen. 1986 Rundfunk-Volontariat beim NDR in Hamburg. Seit Ende 1987 als Fernsehredakteurin im Landesfunkhaus Hannover. Stellvertretende Ressortleiterin und verantwortlich für den Bereich Kultur. Angela Sonntag ist verheiratet und hat zwei Kinder.

Impressum

Abenteuer mit Marie und Max
Museumsführer für Kinder – Niedersachsen und Bremen
Band 3 – Region Lüneburg und Bremen

Herausgeber
Niedersächsische Sparkassenstiftung
Dr. Sabine Schormann

Museumsverband für Niedersachsen und Bremen e.V.
Hans Lochmann

Redaktion und Koordination
Dr. Sabine Schormann, Niedersächsische Sparkassenstiftung
Hans Lochmann, Museumsverband für Niedersachsen und Bremen
Hans-Georg Ehlers-Drecoll, Arbeitskreis Museumspädagogik-Nord e.V.
Dr. Julia Cloot, Niedersächsische Sparkassenstiftung

Redaktionsschluss
30. September 2002

Weitere Beteiligte siehe Seite 169 – 172

Texte und Fotos siehe Seite 170/171

Weiterer Bildnachweis
S.16:   Nicolas de Largillière: Familienbild des Künstlers (um 1704),
          Öl auf Leinwand, © Kunsthalle Bremen
S. 17:   Louis Anquetin: Der Windstoß auf der Seine-Brücke (1889),
          Öl auf Leinwand, © Kunsthalle Bremen
S. 50:   Wilhelm Kricheldorff: Wilhelm Bomann (1914), Öl auf
          Leinwand, © Bomann Museum Celle

Kartengrundlage
Übersichtskarte Niedersachsen 1:500 000 mit Genehmigung der
Landesvermessung und Geobasisinformation Niedersachsen

Gestaltung
Jörg Becker

Illustration
Jan Paschetag

Gesamtherstellung und Verlag
Isensee Verlag
Geschäftsführer Florian Isensee
Haarenstraße 20
26122 Oldenburg

Hannover 2002

ISBN 3-89598-906-1

Ein Projekt der

in Zusammenarbeit mit

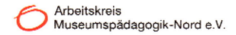

und dem NDR Medienpartner